KB264328

자전거 메인터넌스

누카야 그룹 감수·협력 | 유가영 번역

하께 BOOKS

Part 1 자전거의 기본

Part 2 공구 · 세차 및 주유 용품

자전거 고민을 쉽게 해결해 주는
증상별. 메인터넌스 조견표

자전거를 탔을 때 '잡음' '주행 중의 위화감' '신체의 위화감' 등을 감지하는 경우가 있는데, 위화감을 느껴도 어디를 어떻게 고쳐야 좋을지 모르는 사람이 많다. 각각의 증상별로 고민을 해결해보자.

증상별 고민 │ 주행 중의 잡음

핸들 주변의 잡음
● 핸들의 흔들림
→ 핸들 점검 · P40

브레이크 주변의 잡음
● 브레이크의 흔들림
→ 브레이크 점검 · · · · · · · · · · · · · · · · · P42
→ 디스크 브레이크 점검 · · · · · · · · · · · · P44

● 브레이크 끌림
→ 브레이크슈 조정 · · · · · · · · · · · · · · · P140
→ 디스크 브레이크의 관리와 점검 · · · · · · P120

브레이크 제동 시 잡음
● 브레이크슈의 조정불량
→ 브레이크슈 조정 · · · · · · · · · · · · · · · P140

● 브레이크슈의 마모
→ 브레이크슈 교환 · · · · · · · · · · · · · · · P142

● 디스크 브레이크의 조정불량
→ 디스크 브레이크의 관리와 점검 · · · · · · · P120

● 디스크 브레이크 패드의 마모
→ 브레이크 패드 교환 · · · · · · · · · · · · · P152

● 휠의 휘어짐
→ 자전거 전문점에 의뢰

기어 변속의 불량

- **● 디레일러의 조정불량**
  - 뒤 디레일러 조정 · · · · · · · · · · · · · · · P166
  - 앞 디레일러 조정 · · · · · · · · · · · · · · · P172
- **● 디레일러 행어의 이상**
  - 디레일러 행어 교환 · · · · · · · · · · · · · P177
- **● 체인 주변의 기름 부족**
  - 체인의 주유 · · · · · · · · · · · · · · · · · · · P81
- **● 체인의 마모**
  - 체인 교환 · P198
- **● 스프로켓의 마모**
  - 스프로켓 교환 · · · · · · · · · · · · · · · · · P203
- **● 디레일러 본체의 이상**
  - 자전거 전문점에 의뢰

기어 변속이 불량하다

- **● 시프트 케이블의 조정**
  - 디레일러의 케이블 조정 · · · · · · · · · · · P162
- **● 시프트 케이블의 노화**
  - 자전거 전문점에 의뢰

체인이 벗겨졌다.
● 디레일러의 조정불량
뒤 디레일러 조정 · · · · · · · · · · · · · P166
앞 디레일러 조정 · · · · · · · · · · · · · P172
● 디레일러 행어의 이상
디레일러 행어 교환 · · · · · · · · · · · · · P177
브레이크가 뻑뻑하다.
● 브레이크 각 부분의 기름 부족
V브레이크의 관리와 주유 · · · · · · · · · · P116
캘리퍼 브레이크의 관리와 주유 · · · · · · · P118
● 브레이크 케이블 조정
브레이크 케이블 조정 · · · · · · · · · · · · P124
● 브레이크 케이블의 노화
브레이크 케이블 교환 · · · · · · · · · · · · P128
● 브레이크 본체의 스프링 상태
자전거 전문점에 의뢰
자전거의 움직임이 둔하다
● 타이어의 공기압 저하
타이어 공기주입 방법 · · · · · · · · · · · · P96
● 체인의 기름 부족
체인의 주유 · · · · · · · · · · · · · · · · P81
● 브레이크 끌림
브레이크슈 조정 · · · · · · · · · · · · · · P140
로터 간격 조정 · · · · · · · · · · · · · · P122
● 허브나 BB의 이상
자전거 전문점에 의뢰

목, 어깨, 팔, 등이 피곤하다

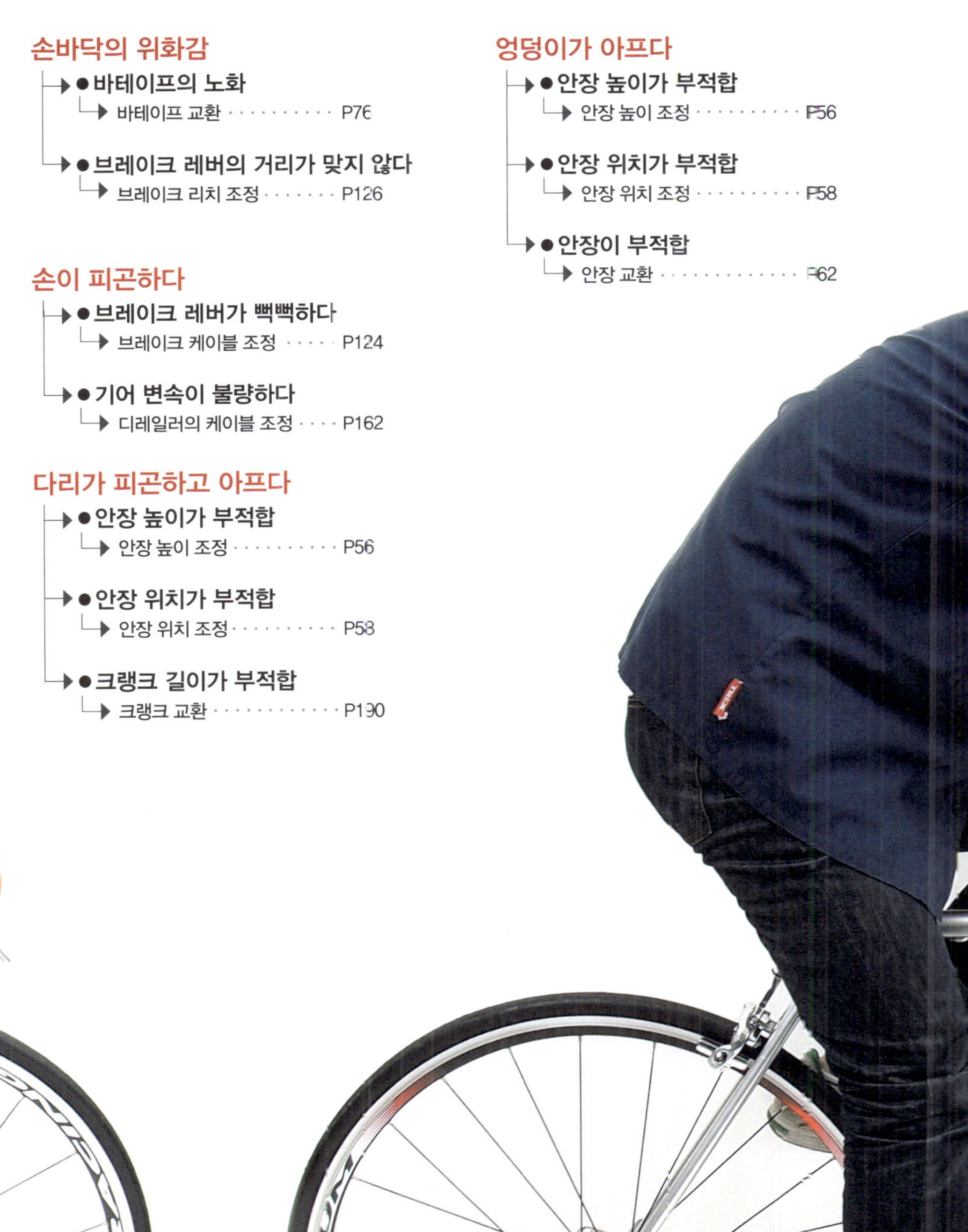

자전거의 기본

Part 1 자전거의 기본

생활 방식에 맞춘
자전거 선택

스포츠 바이크에는 레이스용의 높은 스펙을 가진 로드 바이크와 MTB에서 저렴한 가격의 하이브리드와 미니벨로까지 다양한 종류가 있다. 먼저 자신의 목적을 명확히 한 다음 자전거 전문점과의 상담을 통해 구매하도록 하자.

누카야 그룹의 사장

도쿄 나카메구로에 4개의 매장을 가진 전통 있는 자전거 전문점의 대표이사이다. 매장어서는 자전거 판매에서 커스텀, 분해수리까지 하는 베테랑 엔지니어다-.

Q1 처음 자전거를 시작할 때 자전거 전문점을 고르는 요령은?

A1 수리가 필요할 때는 구매한 매장에 가져가면 A/S를 받을 수 있다. 따라서 자전거를 운반하기 편한 가까운 매장을 권한다.

Q2 출퇴근용으로 추천할 만한 자전거는 무엇인가?

A2 통근거리가 15km 이내라면 하이브리드를, 20km 이상이라면 속도를 낼 수 있는 로드 바이크를 권한다. 회사가 집 근처라면 콤팩트한 사이즈로 자리를 차지하지 않는 미니벨로가 좋다.

Q3 어떤 차종을 골라야 좋을까?

A3 빠른 속도로 달리고 싶다면 로드 바이크, 가까운 시내주행을 중심으로 천천히 달리고 싶다면 멋을 살린 미니벨로가 좋다. 오프로드를 본격적으로 달리거나 산과 들을 투어링하고 싶다면 모든 노면에 대응할 수 있는 MTB가 적격이다. 하이브리드는 폭넓은 용도로 사용할 수 있는데, 특히 운동용으로 타고 싶은 사람에게 추천한다.

Part 1 자전거의 기본

장거리도 경쾌하게 달리는
로드 바이크

로드 바이크는 투르 드 프랑스는 물론 레이스에서도 자주 사용되는 차종이다. 타이어의 폭이 좁고 프레임 본체의 중량이 무척 가볍게 설계되어 포장도로를 고속으로 달리기에 좋다. 장거리용으로도 추천한다.

자전거의 가격
완성차
약 80,000엔~

트렉 마돈(Trek Madone) **5.9**

최첨단 테크놀러지를 갖춘 데다 가격대 성능비가 훌륭한 카본 바이크.

치넬리 슈퍼코르사
(Cinelli Supercorsa)

크로몰리 프레임의 롱셀러. 사진은 완제품이지만 기본적으로 프레임만 판매한다.

비앙키(Bianchi) **IMORA**

합리적인 가격의 로드 바이크 입문 모델. 프레임은 크로몰리가 사용되었다.

Part 1 자전거의 기본

가까운 시내주행에서 장거리까지 달릴 수 있는
하이브리드

하이브리드는 로드 바이크와 MTB의 장점을 접목시킨 차종이다. 본격적인 로드 바이크나 MTB보다 합리적인 가격으로 가까운 시내주행에 적합하다. 기본적으로는 로드 지향과 MTB 지향의 2가지 타입으로 나뉜다.

자전거의 가격
완성차
약 40,000엔~

캐논대일(Cannondale) Bad Boy Disc

프레임 도장에 매드 블랙을 채용했다. 하이브리드 중에서도 꾸준히 인기 있는 모델이다.

루이노(Louis Garneau)LGS · RSR2

하이브리드지만 로드 지향으로 만들어진 모델이기 때문에 높은 속도를 낼 수 있는 것이 특징이다.

트렉(Trek) 7.3FX

근거리 통근, 통학에 최적의 모델이다. 프레임 칼라도 5색상으로 다양하다.

Part 1 자전거의 기본

가까운 곳에 외출할 때는
미니벨로

'벨로' 란 프랑스어로 자전거를 의미한다. 즉, 미니벨로란 타이어 지름이 작은 소형 자전거를 말한다. 고속 주행은 힘들지만 차종에 따라서는 하이브리드 수준의 속도를 낼 수 있는 것도 있다. 좁은 곳에서 자유롭게 방향을 바꿀 수 있기 때문에 복잡한 시내에서도 원활하게 달릴 수 있다.

자전거의 가격
완성차
약 50,000엔 ~

 브루노(Bruno) Ventura STD

스위스제 자전거로 크로몰리 프레임을 채용하고 있다. 노면의 충격을 흡수하여 부드러운 승차감이 특징이다.

캐논대일 훌리건9
(Cannondale Hooligan9)

알루미늄 프레임 자전거로 비비드한 프레임 칼라로 인기 높은 모델이다.

비앙키 미니벨로9 플랫 바
(Bianchi Minivero9 Flat Bar)

큰 기어비를 채용하고 있기 때문에 미니벨로이지만 높은 속도를 낼 수 있다.

Part 1 자전거의 기본

오프로드에서 활약하는
산악자전거(MTB)

MTB는 산길이나 자갈밭을 달릴 수 있도록 설계되어 있으며 두꺼운 타이어가 장착된 것이 특징이다. 또한 노면의 충격을 흡수하기 위해 프런트 포크나 프레임의 일부가 서스펜션이 되고 있는 것이 주류를 이룬다.

자전거의 가격
완성차
약 50,000엔 ~

 ### 캐논대일(Cannondale) Scalpel3

프레임의 중량이 가볍고 강성이 뛰어난 크로스 컨트리 레이스 바이크이다. 레프티라고 불리는 한쪽에만 있는 포크가 특징이다.

 ### 캐논대일 Jekyll Carbon2
(Cannondale)

경량으로 터프함이 인기인 풀 서스펜션 바이크이다. 크로스 컨트리 바이크와 다운힐 바이크의 특징을 갖추고 있다.

 ### 트렉 6500
(Trek)

알루미늄 프레임의 하드테일 바이크이다. 도르의 단차나 비포장도로도 가뿐히 달릴 수 있으며 통근, 통학용으로도 사용된다.

Part 1 자전거의 기본

소재별 특성을 알아두자!
프레임의 소재

프레임에 사용되는 소재는 주로 알루미늄, 카본, 크로몰리, 티탄 합금의 4가지이다. 중량이 가벼울수록 가격이 높아지는 것이 기본적인 특징이지만, 실제 프레임 가격에는 설계 기술 등의 부가가치가 더해지는 경우도 많다. 따라서 소재만으로 가격이 결정되는 것은 아니다. 그렇지만 소재에 따라 승차감도 달라지므로 각각의 특성을 알아두자.

▶ 소재와 특성 조견표

소재	가벼움	강성 (강도)	내구성	탄성	진동 흡수성	가격
알루미늄	○	◎	○	△	△	低
카본	◎	◎	△	○	◎	高
크로몰리	△	○	△	◎	◎	中
티탄	○	○	◎	◎	◎	高

※내구성이란 실외에서 사용할 때의 내성을 말한다.

강성이 높고 가격대비 성능이 뛰어난

알루미늄

주요 차종

로드 | 하이브리드 | 미니벨로 | MTB

소재 자체의 강도가 없기 때문에 프레임 파이프를 두껍게 하는 것이 특징이다. 또한 가격이 비교적 저렴한 소재이기도 하다. 진동흡수성이 부족한 소재인 탓에 승차감이 딱딱해서 포크나 시트 스테이에 카본을 채용하고 있는 차종도 있다.

가벼움과 쾌적함을 중시한다면

카본

주요 차종

로드　하이브리드　미니벨로　MTB

탄소섬유를 에폭시 수지로 굳힌 소재이다. 강성과
진동흡수성이라는 상반되는 조건을 높은 수준으
로 만족하게 하고 있다. 워낙 고가의 소재라서 일
부 프레임에 다른 소재를 채용하여 가격을 낮춘
모델도 있다.

프레임이 가늘고 유연한 승차감을 가진

크로몰리

주요 차종

로드　하이브리드　미니벨로　MTB

크로몰리란 철과 크롬, 몰리브덴이라는 금속을 섞
은 합금으로 가장 역사가 길다. 가는 프레임에 비
해 유연한 승차감과 높은 진동흡수성을 가져 지금
도 꾸준한 인기를 얻고 있다. 도장이 벗겨지면 녹
슬기 쉽다는 점과 무거운 것이 단점이다.

강성과 진동흡수성이 높은

티탄

주요 차종

로드　하이브리드　미니벨로　MTB

티탄은 강성과 진동흡수성이 높아 골프채 헤드에
자주 사용되는 소재이다. 소재가 워낙 고가이기
때문에 현재 티탄을 사용하고 있는 자전거는 드
물다. 로사(De Rosa), 무츠(Moots), 라이트스피드
(Litespeed) 등의 제조회사만이 취급하고 있다.

애마가 생기면 꼭 알아둬야 할
각 부분의 명칭과 기능

브레이크

앞뒤 양쪽에 달려 있다. 로드용, MTB용 등 각각
의 용도에 따라 브레이크 종류도 다르다. 슈로 림
을 움켜잡아서 멈추는 타입과 휠에 붙은 로터를
브레이크 패드로 움켜잡아서 멈추는 디스크 브
레이크 타입이 있다.

변속장치

크랭크, 바텀 브래킷, 디레일러, 체인, 스프로켓
등 자전거의 동력을 담당한다. 자전거를 움직이
는 역할을 지닌 자전거의 심장부라고 할 수 있다.
이들을 통틀어 컴포넌트라고 부른다.

페달 주변

좌우 번갈아 페달을 밟음으로써 크
랭크가 회전한다. 페달에는 일반
신발을 신고 탈 수 있는 평페달과
전용신발을 고정하는 바인딩 페달
이 있다. 본격적인 라이딩을 원하
는 사람은 효율 높은 페달링이 가
능한 바인딩 페달을 권한다.

안장

안장과 시트 포스트로 구성된 부분을 말한다. 최
근에는 시트 필러의 일부가 프레임과 일체형이
된 것도 있다. 안장의 형태와 쿠션의 두께 등으로
취향이 크게 나뉘며, 프로조차 자신에게 딱 맞는
안장을 찾는데 고생한다고 하는 아이템이다.

자전거를 직접 손보기 위해서는 각 부분의 명칭과 그 기능을 알아두어야 한다. 자전거 전문점에 상담할 때도 도움이 된다. 차종에 따라 다소 차이가 있지만 여기에서는 기본적인 명칭과 기능을 설명한다.

프레임

프레임과 포크로 된 프레임 부분이다. 프레임의 단단함을 나타내는 강성, 튼튼함을 나타내는 강도, 쾌적함을 나타내는 충격흡수성, 중량의 가벼움 등이 중요하다. 일반적으로 신장이나 팔다리 길이로 사이즈를 결정하지만 전문가가 되면 그 길이 구성에 다라 취향이 갈리는 경향이 있다.

핸들 주변

주로 핸들, 스템, 브레이크 레버, 시프트 레버, 바 테이프 또는 그립으로 구성되어 있다. 핸들과 스템은 길이와 폭에 다양한 종류가 있어서 사람에 따라 적정 사이즈가 달라진다. 로드용 자전거에는 드롭 핸들이 채용되고 있다.

휠 주변

회전부인 허브, 림, 허브와 림을 잇는 스포크, 타이어로 구성되어 있다. 현재는 허브에서 림까지 조립된 완조 휠이 주류를 이루고 있다. 타이어는 두께와 주행감에 따라 취향의 차이가 생긴다.

1 헤드 튜브
2 프런트 포크
3 톱 튜브
4 다운 튜브
5 시트 튜브
6 시트 스테이
7 체인 스테이

1 레일   4 시트 클램프
2 레일 고정판   5 안장
3 시트 포스트

1 브레이크 레버   5 스템
2 시프트 레버   6 톱 캡
3 핸들바   7 스페이서
4 케이블   8 바테이프
   9 그립

1 타이어
2 림
3 스포크
4 밸브
5 퀵 릴리스 레버
6 허브

1 페달
2 크랭크
3 체인링
4 체인
5 앞 변속기
6 뒷 변속기
7 스프로켓
8 BB(바텀 브래킷)

V브레이크

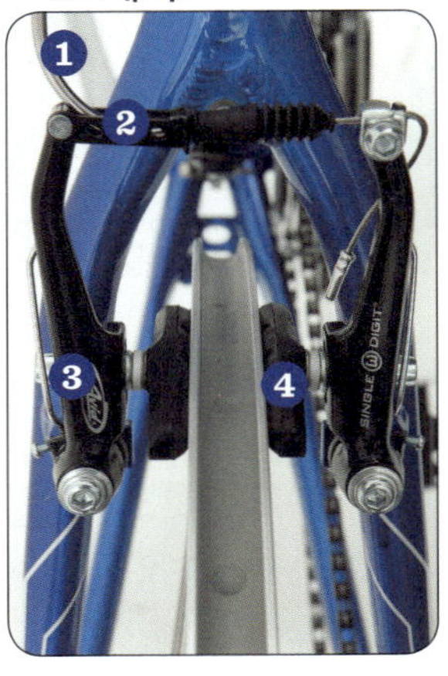

캘리퍼 브레이크

1 이너 리드
2 이너 리드 유닛
3 암
4 브레이크슈
5 케이블 하우징
6 어저스터
7 브레이크 케이블

커스텀을 한다면 꼭 알아둬야 할
로드 바이크의 컴포넌트

컴포넌트란 디레일러나 브레이크, 크랭크 등의 기계류를 말한다. 일본의 시마노사, 이탈리아의 캄파놀로사, 미국의 스램사가 주류를 이룬다. 하이브리드나 미니벨로도 차종에 따라 로드의 컴포넌트를 사용할 수 있다.

▶ 주요 컴포넌트 조견표

등급	시마노		캄파놀로		스램	
높음 ↑	기어10단	듀라 에이스	기어11단	수퍼 레코드	기어10단	레드
		울테그라		레코드		포스
		105		코러스		라이벌
↓ 낮음	9단	티아그라		아테나		아펙스

▶ 시마노
SHIMANO

듀라 에이스

기술력은 물론 높은 신뢰성에서 가장 인기를 얻고 있다. 전동 디레일러를 채용한 'Di2'는 프로에서 아마추어까지 다양한 레이스에 투입되어 큰 성적을 거두고 있다.

울테그라

듀라 에이스의 기술을 이어받아 가격 대비 성능이 뛰어난 세컨드 등급이다. 폭넓은 기어 설정으로 기어비에 제한이 있는 주니어, 하체 힘에 자신이 없는 라이더 등 폭넓은 층의 사용을 상정하고 있다.

105

레이스에 나간다면 최소한 이 정도는 돼야 한다고 여겨지는 중급 컴포넌트이다. 리어 스프로켓이 10단이라 상위 기종과의 호환성이 있다. 업그레이드를 생각한다면 105를 확보해두자.

티아그라

현재 로드 바이크는 10단 이상이 주류를 이룬다. 티아그라는 9단 세트이지만 타는 것뿐만 아니라 조정, 메인터넌스 등 폭넓게 자전거의 즐거움을 배울 수 있는 등급이다. 합리적인 가격설정으로 부담 없이 로드 바이크를 즐길 수 있다.

캄파뇰로 CAMPAGNOLO

슈퍼 레코드
Super Record

캄파뇰로사의 최상급 컴포넌트로 카본을 많이 사용하여 베어링 회전이 가볍고 변속기능이 뛰어나다. 최고 수준의 기술 투입을 한 프로용 그룹셋이다.

레코드
Record

세컨드 등급의 그룹셋이다. 세컨드라고 해도 최신 기술 투입과 지속적인 설계 변경으로 슈퍼 레코드에 육박하는 높은 성능을 지녔다.

코러스
Chorus

카본을 메인 소재로 한 그룹셋 중에서 가격 대 성능비가 가장 뛰어나다. 알루미늄 소재의 비율이 상위 기종보다 높지만 기본 설계는 상급 모델과 같은 고성능 그룹셋이다.

아테나
Athena

2010년 부활한 아테나는 외관이 카본과 알루미늄의 2가지 버전이 있다. 아테나보다 하위 등급인 10단의 테크놀러지를 혼합하면서 부담 없이 11단을 즐길 수 있는 그룹셋이다.

스램 SRAM

레드
Red

유명 브랜드의 초경량 모델에 채용되고 있는 최상급 그룹셋이다. 등장하자마자 수많은 승리를 지원한 프로용 컴포넌트이다. 빨간 외관이 트레이드 칼라이지만 블랙도 인기다.

포스
Force

초기 하이엔드 모델인 포스는 기본 설계가 레드와 같다. 카본, 마그네슘 등 고급 소재를 많이 채용하고 있어 기능과 성능은 프로급이라고 할 만한 높은 수준을 유지하고 있다.

라이벌
Rival

많은 라이더가 사용할 수 있도록 설정된 등급이다. 다양한 길이의 크랭크가 있어 남녀 불문하고 사용할 수 있다. 뒤 디레일러의 롱 케이지 등장으로 다양한 사람, 다양한 용도를 상용하고 있다.

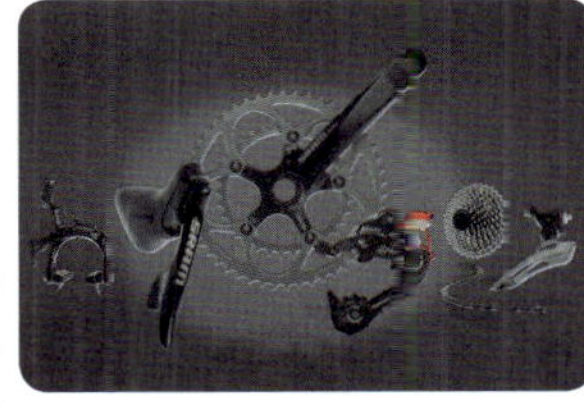

아펙스
Apex

스램의 엔트리 등급 컴포넌트로 와이드 레이쇼의 스프로켓, 롱 케이지의 뒤 디레일러를 설정하고 있어 보다 많은 사람들이 부담 없이 사용할 수 있다.

Part 1 자전거의 기본

등급을 알자.
MTB의 컴포넌트

MTB의 컴포넌트는 일본의 시마노사와 미국의 스램사가 주류를 이룬다. 여기서는 비교적 상위 모델을 소개한다. 상위 등급은 주로 레이스용이며 하위 등급은 하이브리드에도 채용된다. 또한 차종에 따라서는 하이브리드나 미니벨로에서도 MTB의 컴포넌트를 사용할 수 있다.

◢ 주요 컴포넌트 조견표

등급	스램		시마노	
높음 ↑	기어10단	XX	기어10단	XTR
		X.0 10Speed	9단	데오레(Deore)XT
	기어 9단	X.0 9Speed		데오레(Deore)SLX
낮음	기어 10단	X.9 10Speed	8단	데오레(Deore)

▶ 스램

XX

스램의 최고급 등급은 그야말로 레이싱 모델이다. 스프로켓 10단화와 잉곳의 기계가공, 더블 프런트 기어 등 세계를 앞선 기술을 가장 먼저 투입한 컴포넌트다.

X.0 10Speed

XX 등장 전에는 최상급 등급이었던 컴포넌트. 2011년 모델은 XX에 이어 프런트 더블 기어, 스프로켓 10단화 등을 도입했다. 다운힐의 프로가 사용하는 등 세컨드 등급이라도 실력은 프로급이다.

X.0 9Speed

알루마이트 컬러의 컬러 코디네이트를 가장 먼저 받아들인 외관이 개성적이다. 크랭크는 등급 내에 설정이 없고 트루바티브 '느와르'와의 코디네이트라는 유니크한 조합도 화제를 불렀다.

X.9 10Speed

상급 모델의 높은 성능을 합리적으로 체감할 수 있는 중간 등급. 10단화나 컬러 코디네이트 등 상급 등급에서 평판을 얻은 기술과 설정을 투입했다. 레이스뿐만 아니라 다양한 용도와 다양한 수준의 라이더에게 사용되는 부품 라인업도 매력적이다.

시마노

XTR

효율적이고 이
상적인 페달링
과 기어비를 가진 '다이나시스'를 채용한 최상급 모델이다.
2011년 모델은 레이스용 부품 라인업과 트레일 라이더용
의 사용방법을 설정하고 있다. 쌍방의 호환성으로 라이더
에게 최적의 사용방법을 실현한다.

데오레
(Deore)XT

XTR에도 채용
된 '다이나시스'
가 XT에도 탑재되어 10단화를 달성하고 있다. 9단 코델
도 남아 있으며 MTB용과 하기브리드용의 2가지 라인업이
있다.

데오레
(Deore)SLX

지금까지 있었
던 데오레LX는
하이브리드용 컴포넌트로 모습을 바꾸고 다신 사롭게 SLX
가 MTB용 컴포넌트로 발표되었다. 이것 역시 '다이나시스'
를 탑재하고 있으며 10단과 9단의 2가지 타입이 라인업되
고 있다.

데오레
(Deore)

보다 다채로운
스타일에 맞춰
설정된 컴포넌트. MTB용 그룹과 트레킹/하이브리드용에
는 체인가드가 붙는 등 비주얼적인 측면에서도 디자인이
크게 다르다.

기어0단 이란?

디레일러는 시프터가 케이블을 감거나 풀어냄으
로써 디레일러를 움직여 변속하게 되어 있다. 사
실 이 시프터는 인덱스라는 방식에 의해 움직일
수 있는 단수가 정해져 있다. 등급에 따라 단수가
달라지므로 반드시 단수 표시해서 유저가 디레일
러나 시프터, 스프로켓의 조합을 혼동하지 않도록
하고 있다.

하지만 같은 단수라고 해서 호환성이 있다그 말하
기는 힘들다. 왜냐하면 시프터가 감아 옮기는 케
이블의 양이 달라져 버리면 디레일러가 정확하게
움직이지 않을 수도 있기 때문이다.

따라서 제조회사의 호환표 등을 참조하여 올바르
게 조합하는 것이 중요하다. 등급이 내려갈수록
단수가 적은 것은, 예를 들어 스프로켓으로 설명
하면 단수가 적은 편이 제조와 정비가 쉬워 초보
자용이라고 할 수 있기 때문이다.

Part 2

공구 · 세차 및 주유 용품

외출 시 꼭 챙겨야 할
휴대용 공구

자전거 주행 시 트러블은 으레 따르기 마련이다. 근처에 자전거 전문점이 있으면 다행이지만 없는 경우에는 스스로 대처해야 한다. 트러블에 대비해 응급처치에 도움이 되는 최소한의 공구를 휴대할 것을 권한다.

안장 가방은 안장 뒤에 설치하기 때문에 방해가 되지 않는다. 안장 가방에는 펑크 시에 필요한 스페어 튜브, 타이어 레버, 휴대용 펌프는 물론, 구비해 두면 편리한 휴대용 공구세트를 넣어두자. 다양한 트러블에 대처할 수 있을 것이다.

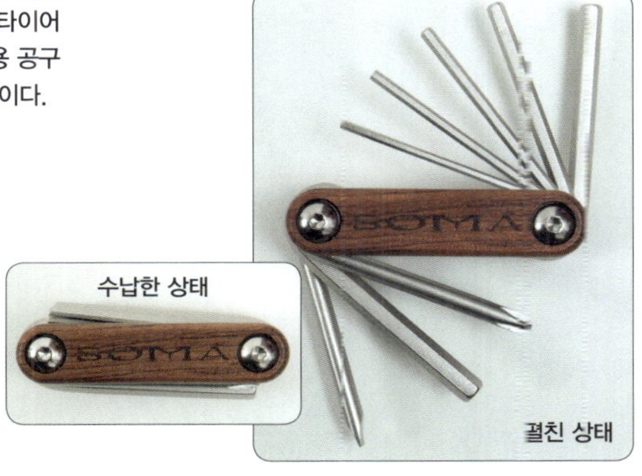

휴대용 공구세트

육각렌치(p30 참조)나 드라이버, 종류에 따라서는 체인 커터까지 들어 있는 휴대용 공구세트. 주행 중의 사고나 포지션 변경에 빼놓을 수 없는 아이템이다.

집에 반드시 구비해둬야 할
기본적인 공구

공구는 자전거의 메인터넌스에 빼놓을 수 없는 장비다. 여기에서는 철물점 등에서 쉽게 구입할 수 있는 공구를 소개한다. 육각렌치나 드라이버, 몽키 스패너 등은 자전거 메인터넌스에서 상당히 사용빈도가 높다.

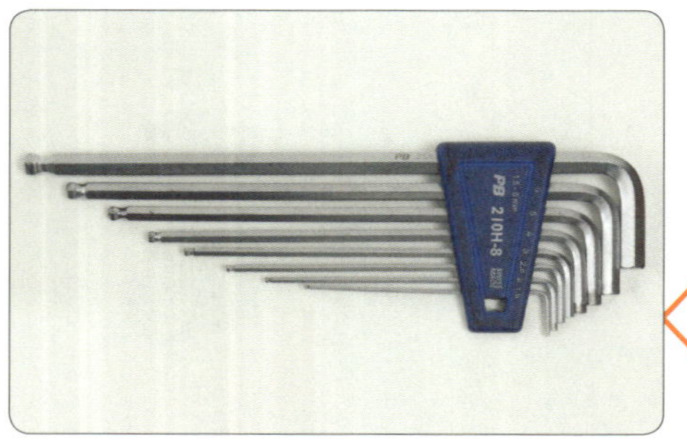

볼트에서 살짝 비스듬히 작업을 할 때는 끝이 둥근 쪽을 사용하면 편리하다.

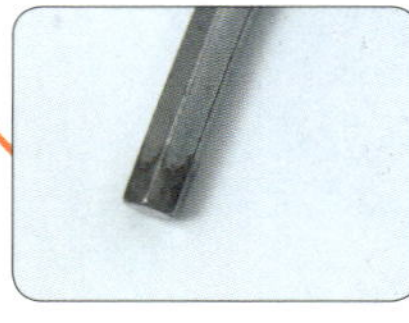

강하게 조일 때는 반드시 각진 쪽을 사용하자.

육각렌치 자전거 메인터넌스에서 가장 많이 사용하는 공구. 2mm~10mm까지의 볼트는 이것 하나로 대부분 대응 가능하다.

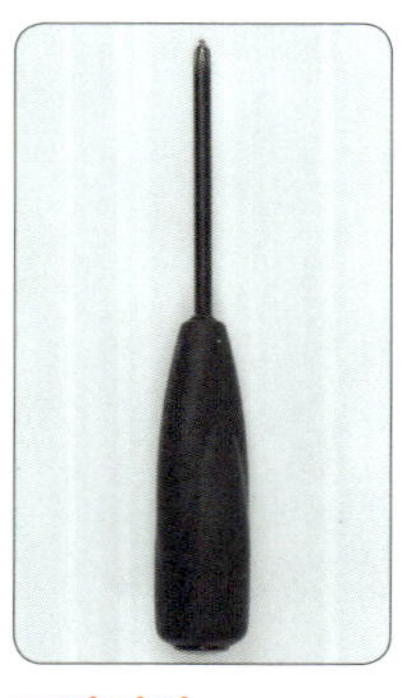

드라이버

일반적인 공구이지만 자전거에서는 디레일러나 브레이크의 조정 등의 섬세한 작업에 사용한다.

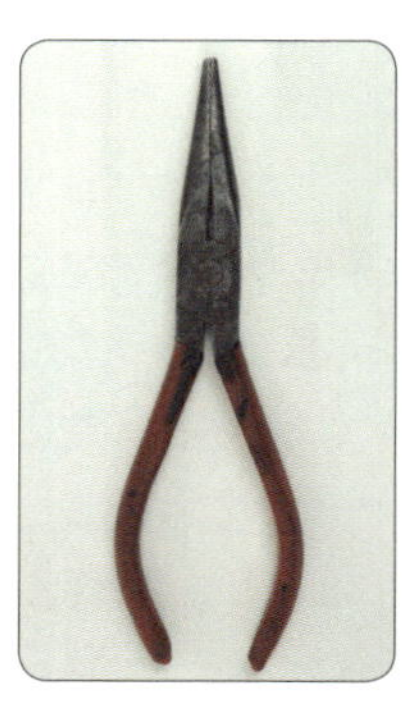

롱노즈플라이어

부품을 집거나 구부리거나 당기는 작업에 사용한다. 공구 상자에 있으면 편리한 공구다.

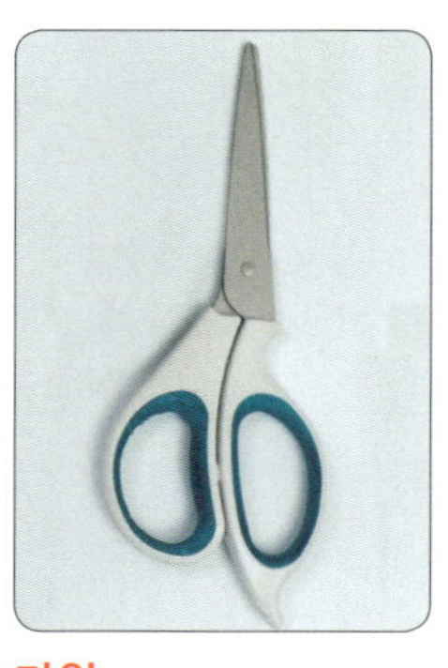

가위

바테이프를 감거나 케이블 하우징을 핸들에 테이프로 가용접하는 등 핸들 주변의 작업에 빼놓을 수 없다.

몽키 스패너

큰 힘이 필요한 작업에 사용한다. 크랭크를 빼거나 스프로켓을 뺄 때 반드시 사용하는 공구다.

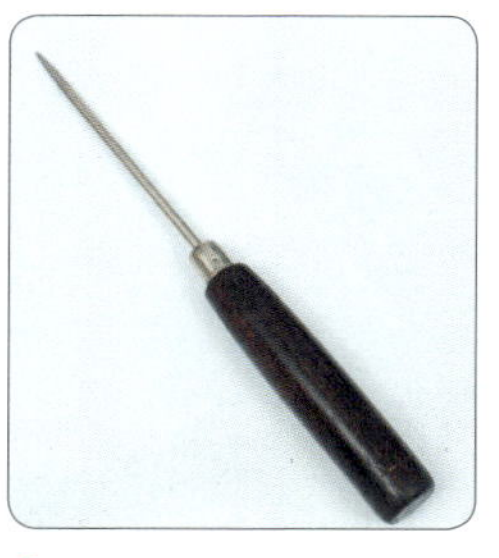

송곳

주로 케이블 하우징을 자른 후에 사용한다. 절단면이 막혔을 때 송곳으로 넓힌다.

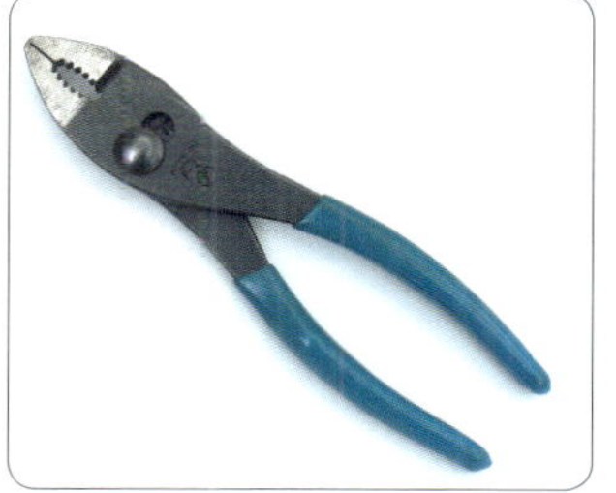

플라이어

케이블을 고정할 때 플라이어로 이너 케이블을 잡아당기면서 고정한다. 또한 펑크 시에 타이어에 박힌 이물질을 제거할 때에도 사용한다.

토크 렌치

나사에 걸리는 힘을 수치로 볼 수 있어 카본 제품 등 너무 꽉 조이면 파손되는 부품을 고정할 때 빼놓을 수 없는 공구다.

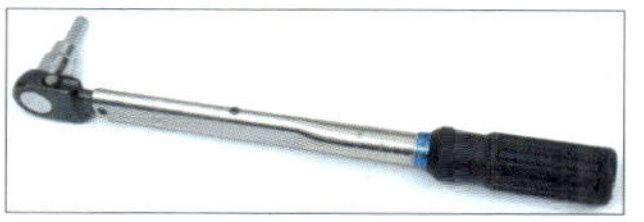

집에 구비해야 하는 필수품

공구 이외에도 공기 주입기, 스탠드, 펑크 수리세트, 타이어 레버는 필수품이다. 자전거를 구입할 예정이라면 함께 준비해두자.

공기 주입기

플로어 펌프라고도 하며 주행 전의 공기압 체크나 타이어 교환 시 도움이 된다.

스탠드

메인터넌스 시 자전거를 안정시킨 상태로 작업할 수 있는 필수 아이템이다.

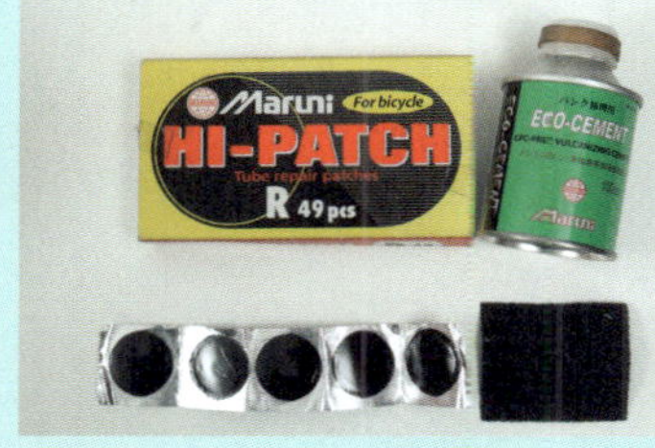

펑크 수리세트

이것만 있으면 구멍 난 튜브를 보수하거나 예비 튜브로 전환할 수 있다. 코스트 다운으로 이어지는 아이템.

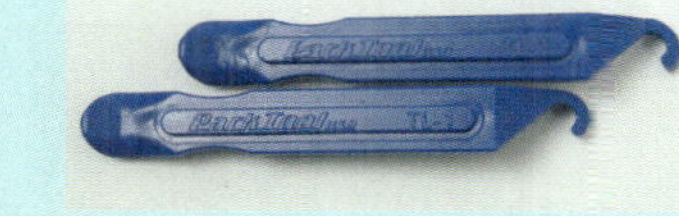

타이어 레버

타이어 교환 시 반드시 사용하는 공구. 휴대등과 가정용을 준비해두면 안장 가방에서 꺼내는 수고를 덜 수 있다.

조금씩 갖춰나가야 할
자전거 전용 공구

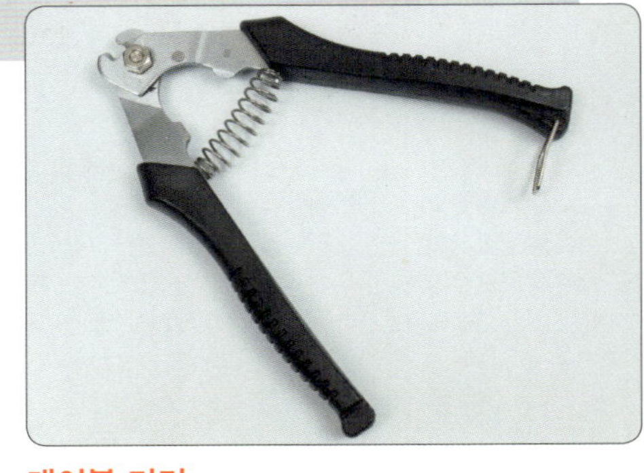

지금부터 소개하는 것은 자전거에만 사용하는 전용 공구다. 그때그때의 필요성에 따라 조금씩 갖춰나가는 것이 좋다. 한꺼번에 갖춰두고 싶은 사람을 위한 '자전거 전용 공구세트'도 있다. 내용물이 충실한 것은 100만 원을 넘는 것도 있다.

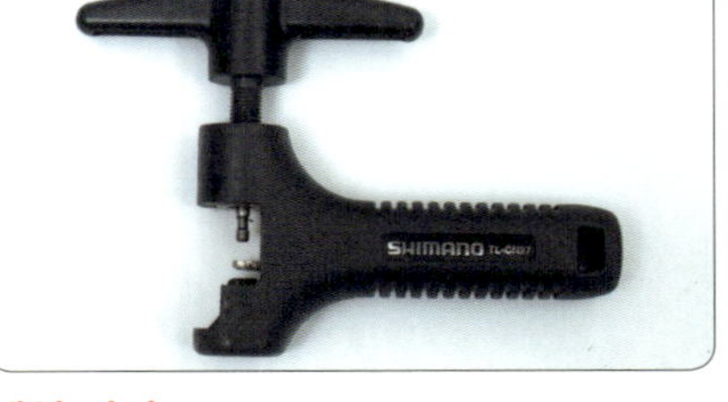

케이블 커터

케이블 커터를 사용하면 케이블 절단 후 케이블 끝이 너덜거리거나 케이블 하우징이 잘 찌그러지지 않는다.

체인 커터

주행 거리와 빈도에 따라 달라지지만 체인은 소모품이므로 최소 1년에 1번은 교환해야 한다. 이것만 있으면 직접 작업할 수 있다.

스프로켓 교환에 사용하는 전용공구

공구 단품만 봐서는 어디에 사용할지 알기 어렵지만 모두 스프로켓을 교환할 때 필요한 전용 공구다.

스프로켓 분리 공구

크랭크 중앙의 고정 볼트를 빼는 공구. 브랜드에 따라 형태가 달라지므로 자신이 사용하고 있는 브랜드가 무엇인지 확인한 다음 준비하자.

스프로켓 홀더

스프로켓을 교환할 때 스프로켓을 고정하는 공구다.

페달 렌치

페달을 교환할 때 페달과 크랭크의 사이에 밀어 넣기 쉽도록 두께가 얇은 전용 렌치.

패그 스패너

진동 등으로 기어판을 고정하는 크랭크핀이 느슨해지는 경우가 있다. 그 핀을 조일 때 나사를 누르는 공구다.

크랭크 교환에 사용하는 공구

크랭크 교환에 필요한 작은 전용 공구들이다. 크랭크의 종류에 따라 사용하는 공구가 다른 경우도 있다. 자전거 전문점에서 크랭크의 종류를 물어본 다음 공구를 구입하는 것이 좋다.

크랭크 분리 공구

테이퍼BB, 시마노의 옥타링크 크랭크를 분리할 때 사용하는 공구.

옥타링크용 어댑터

시마노의 할로우테크2라는 크랭크의 방식으로 캡을 벗기기 위한 전용공구. 타 브랜드에서는 육각렌치 등을 사용한다.

사용법을 알아두자
세차 및 주유 용품

세차용과 부품용 등 다양한 종류의 전용 제품이 있다. 여기
서는 2가지 타입의 기본적인 클리너와 윤활유의 일종인 오
일과 그리스를 소개한다. 또한 제품을 사용해도 되는 부분과
사용하면 안 되는 부분이 있으므로 반드시 알아두자.

▶ 반드시 갖춰 놓아야 할 4가지 제품

프레임용 클리너

프레임, 포크 등 도장된 면을 깨끗하게 하기 위한 제품. 레이스의 세계에서는 식기용 세제 등을 사용한 다음 물을 뿌려 씻는 경우도 많지만 부품의 소모가 심하고 장소적인 문제도 있어서 개인적으로 하기에는 어려운 작업이다. 집에서 사용할 경우 헝겊에 묻혀서 도포하며 닦는 형식으로 사용한다.

부품 클리너

세정용 제품으로 스프레이식이다. 구동계 부품의 기름때를 제거하기 위해 사용한다. 림의 브레이크 슈의 주변에 묻으면 잡음이 발생하기도 하므로 사용 시 주의가 필요하다. 등유나 경유로도 대체 가능하지만 냄새가 심하므로 사용 장소를 고를 필요가 있다.

오일

부품의 윤활을 주된 역할로 하는 산뜻한 액상 제품이다. 스프레이식이 많아 부품에서 체인까지 폭넓게 도포할 수 있다. 체인 오일용으로 체인의 틈에 직접 뿌리는 형식(사진)은 오일을 낭비하지 않아 경제적이다.

그리스

부품의 윤활과 절연에 사용되는 제품으로 페이스트 상태인 것이 많지만 개중에는 스프레이 방식도 있다. 비교적 점도가 높은 것은 기름에 증점제를 섞었기 때문이다. 사용할 때는 손이나 그리스 건이라는 공구를 사용한다.

오일과 그리스에 대해 알아보자.

베어링, 나사, 시트 필러 등의 숨은 곳에는 그리스를 사용한다. 나사나 시트 필러에는 다른 금속이 접촉할 때 부품끼리 고착되지 않도록 절연 역할도 해준다. 겉으로 드러난 곳에는 산뜻해서 때가 묻기 어렵고 가볍게 움직일 수 있는 오일을 사용한다. 단, 체인은 오일이 날아가기 쉬우므로 점도가 높은 것을 사용하는 경향이 있으며 우천 시에는 그리스를 바르는 사람도 있다. 오일은 개인에 따라 점도의 취향이 있으므로 자신에게 닿는 것을 찾자.

오일의 경우

사용해도 되는 곳

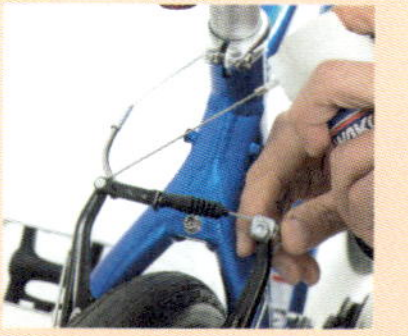

가동부

브레이크의 이음매 부분 등 금속의 가동부에는 오일이 가장 적합하다.

케이블

도포하면 케이블의 저항을 줄일 수 있어 케이블의 장력이 가뿐해진다. 남은 오일은 헝겊으로 닦아 내자.

체인 주변

체인의 회전에 의해 날아가 버리기 쉬워 점도가 높은 것을 사용하는 것이 일반적이다. 티탄 스프레이 등을 추천한다.

사용할 수 없는 곳

브레이크슈

슈의 고무가 림을 미끄러지게 해서 브레이크가 걸리지 어려워진다. 오일이 묻지 않도록 주의하자.

그리스의 경우

사용해도 되는 곳

BB샤프트

절연을 위해서는 물론 원활한 크랭크 분리를 위한 고착을 막기 위해서도 사용한다.

프리 부분

베어링 부분은 회전에 의한 소모를 억제하기 위해, 스프로켓과 락링에는 절연의 의미로 도포한다.

클램프 부분

금속제 프레임과 시트 필러 등의 절연을 위해 사용한다. 특히 티탄제는 고착되기 쉬우므로 확실하게 도포하자.

페달 부분

페달의 나사가 고착되어버리면 페달을 교환할 때 나사와 크랭크를 손상시킨다. 페달을 장치할 때는 반드시 그리스를 도포할 것.

레버

케이블 머리의 접촉부 등에 그리스를 바르면 접속부의 마찰이 줄어든다.

Part 3

트러블 슈팅

Part 3 트러블 슈팅

트러블을 미연에 방지하기 위한
점검 항목

평상시 애마를 점검하려고 해도 확인해야 할 포인트를 모르면 시간만 낭비하게 된다. 여기서는 점검해야 할 부분을 정리하고 그 방법을 함께 설명한다.

▶ 트러블 슈팅 점검표

매 번	월 1 회
브레이크 작동 점검 (하단 그림①)	핸들 점검 (p40)
	안장 점검 (p41)
이상음 유무 점검 (하단 그림②)	브레이크 점검 (p42)
	디스크 브레이크 점검 (p44)
휠의 퀵 릴리스 레버 점검 (p33)	휠 점검 (p45)
	디레일러 점검 (p46)
공기압 점검 (p39)	크랭크 점검 (p47)

① 생명에 관련된 부품이므로 브레이크 작동 상태는 자전거를 타기 전에 반드시 점검해야 한다. 작동이 느슨하지 않은지 최소 월 1회는 기본 점검(p42)한다.

② 자전거를 가볍게 들어 올려 지면에 떨어뜨려 본다. 잡음이 날 때는 쿠품을 고정하고 있는 나사가 느슨해져 있을 가능성이 있으므로 확인을 요한다.

Part 3 트러블 슈팅

난이도　★☆☆　　작업시간 10분

타기 전에 매번 해야 할
간단 자전거 점검

자전거를 타다 보면 진동으로 나사가 헐거워지는 경우가 있다. 트러블을 미연에 방지하기 위해 정기적으로 점검하자. 타기 직전에 반드시 해둬야 할 자전거 점검을 소개한다. 간단하므로 반드시 익혀두자.

필요한 공구

공기 주입기

▶ 휠 점검

1 앞바퀴가 주행 중에 빠지지 않도록 흔들림을 점검한다.

2 앞바퀴의 퀵 릴리스 레버의 나사를 단단히 조인다.

3 뒷바퀴도 마찬가지로 흔들림을 점검한다.

4 뒷바퀴의 퀵 릴리스 레버의 나사를 단단히 조인다.

▶ 핸들 주변 점검

5 앞바퀴를 다리 사이에 끼워 넣고 핸들을 좌우로 움직여 스템의 느슨함을 점검한다.

6 브레이크 레버를 쥐고 좌우 레버의 유격을 점검한다.

7 브레이크 레버를 쥔 채 자전거를 앞뒤로 움직여 작동을 점검한다.

▶ 안장 점검

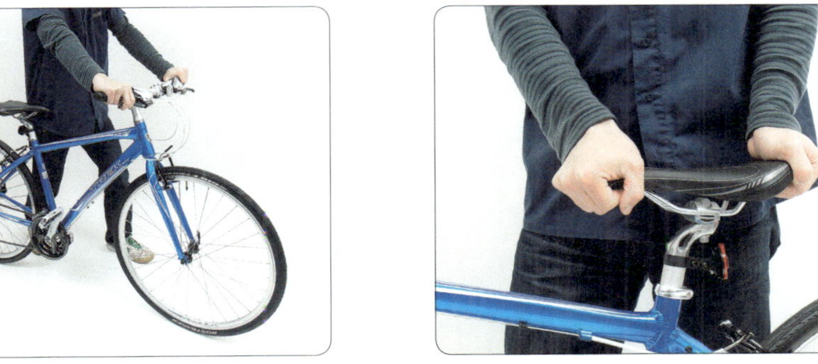

8 안장을 좌우로 움직여 체결상태를 점검한다.

▶ 공기압 점검

9 타이어를 손가락으로 눌러 공기가 들어 있는지를 점검한다. 쉽게 움푹 꺼지면 공기 주입기로 공기를 넣자.

10 악력이 약한 사람은 손가락으로 타이어를 튕겨서 점검할 수 있다. 소리가 분명하지 않는 경우에는 공기가 충분히 들어 있지 않은 경우가 많다.

Part 3 트러블 슈팅

난이도 ★☆☆　　작업시간 5분

트러블을 미연에 방지하기 위한
핸들 점검(월 1회)

먼저 핸들을 점검하자. 타는 빈도에 따라 다르지만 주행 중의 진동으로 나사가 헐거워지는 경우도 있기 때문에 정기적으로 나사를 조여 줄 것을 권한다. 또한 핸들을 좌우로 움직여보고 움직임 상태를 점검하는 것도 중요하다.

필요한 공구

육각렌치

▶ 핸들 점검

볼트 다시 조이기

1 먼저 핸들을 고정하고 있는 4개의 볼트를 조인다.

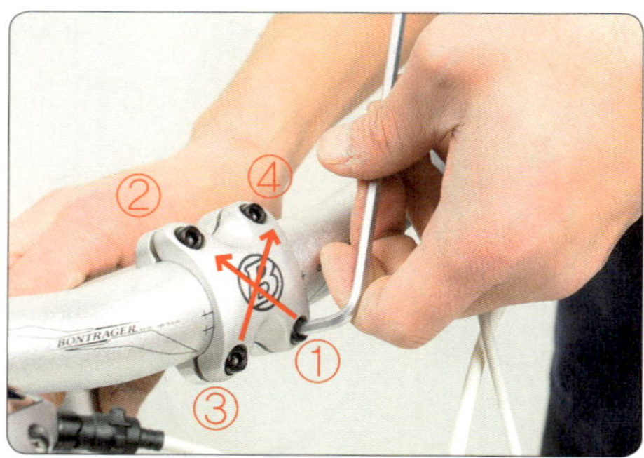

2 4개의 볼트로 균일하게 조인다. 2볼트로 고정하고 있는 타입도 있지만 방식은 마찬가지이다.

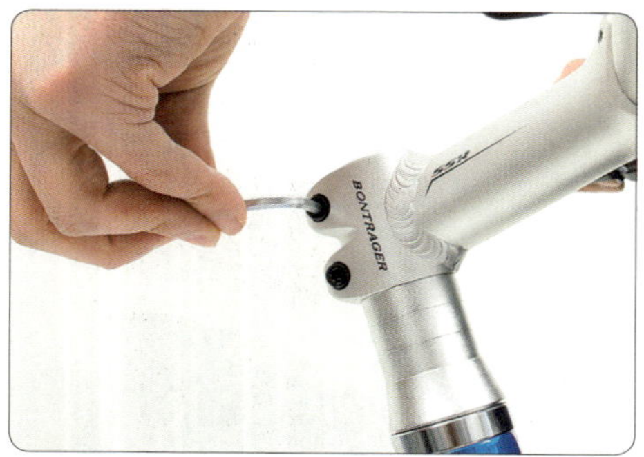

3 다음으로 스템을 고정하고 있는 측면의 볼트 2개를 조인다.

4 헤드가 헐거워져 있으면 톱 캡의 볼트를 조여 조정하자. 이때 스템 고정 볼트는 느슨하게 한 다음 작업한다.

Part 3 트러블 슈팅

난이도 ★☆☆　　작업시간 5분

안장 점검(월 1회)

볼트 타입의 경우 안장 주변의 볼트가 헐거워져 있으면 주행 중 앞뒤좌우로 흔들거리거나 갑자기 안장이 주저앉거나 사타구니를 강타할 가능성이 있어 위험하다. 안장의 높이를 바꿀 때나 자전거를 타기 전에 안장의 흔들림을 점검하자.

필요한 공구

육각렌치

▶ 안장 점검

시트 포스트의 볼트 조이기

1 안장을 받치는 시트 포스트의 볼트를 조인다. 싱글 볼트 타입과 더블 볼트 타입이 있다.

시트 클램프 조이기

2 시트 클램프를 조이자. 사진은 볼트 고정 타입이다.

퀵 릴리스 레버 타입의 경우

2' 사진은 퀵 릴리스 레버 타입이다. 레버의 반대측 나사를 조인다.

3' 레버를 손가락으로 간단히 개방할 수 있으면 나사가 헐거워졌다는 증거다. 레버를 잠글 때 손바닥으로 잠글 정도가 이상적이다.

Part 3 트러블 슈팅

난이도 ★☆☆   작업시간 5분

브레이크(월 1회)

자전거 메인터넌스에서 가장 중요한 곳이 브레이크다. 만약 주행 중 제대로 멈추지 못하면 대형 사고로 이어질 수 있다. 사고를 미연에 방지하기 위해 긴장을 늦추지 말고 정성스레 관리하도록 하자.

필요한 공구

육각렌치

▶ 브레이크의 종류

캘리퍼 브레이크 | 일반적으로 로드바이크에 사용되고 있는 타입의 브레이크다.

V브레이크 | 일반적으로 MTB에 사용되고 있는 타입의 브레이크다.

▶ 브레이크 점검

캘리퍼 브레이크의 기본 점검

1 브레이크 본체를 고정하고 있는 나사를 조인다. 나사를 조일 때는 브레이크 본체가 움직이지 않도록 손으로 붙잡는 것이 포인트다.

2 브레이크슈를 고정하고 있는 볼트를 조인다. 볼트를 조일 때는 브레이크슈가 움직이지 않도록 손으로 붙잡자.

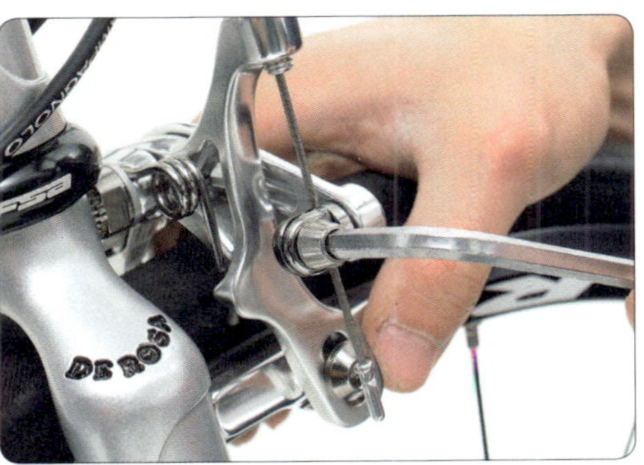

3 케이블을 고정하고 있는 볼트를 조인다. 케이블이 빠져버리면 브레이크가 작동하지 않게 된다.

V브레이크의 기본 점검

1' 브레이크 본체를 고정하고 있는 볼트를 조인다. 볼트를 조일 때는 브레이크 본체가 움직이지 않도록 암을 손으로 붙잡자.

2' 브레이크슈를 고정하고 있는 볼트를 조인다. 볼트를 조일 때 브레이크슈가 움직이지 않도록 손으로 붙잡는 것이 포인트다.

3' 케이블을 고정하고 있는 볼트를 조인다. 케이블이 빠지면 브레이크가 작동하지 갛게 된다.

브레이크 레버의 기본점검

4 브레이크 레버를 조인다. 레버의 종류에 따라 볼트의 위치가 다르므로 주의하자.

브레이크의 작동 확인

5 브레이크 레버를 쥐면서 자전거를 앞뒤르 밀어 브레이크의 작동을 점검한다.

Part 3 트러블 슈팅

난이도 ★☆☆ 　　작업시간 5분

디스크 브레이크 점검(월 1회)

디스크 브레이크는 주로 MTB에 사용되고 있다. 휠에 붙어 있는 로터를 패드로 붙잡아 멈추는 방식이다. 그 때문에 메인터넌스의 난이도 높아 브레이크의 구조를 숙지하지 않으면 쉽게 할 수 없다.

필요한 공구

육각렌치

▶ 디스크 브레이크 조이기

1 ｜ 디스크 브레이크에는 기계식과 유압식이 있다. 사진은 유압식이지만 메인터넌스의 포인트는 같다.

2 ｜ 브레이크 본체를 고정하고 있는 볼트를 조인다.

3 ｜ 브레이크 본체를 고정하고 있는 볼트는 2개이므로 다른 한쪽도 조인다.

4 ｜ 케이블을 고정하고 있는 볼트를 조인다. 이것은 유압식이므로 튜브 안에 오일이 들어 있다.

Part 3 트러블 슈팅

난이도 ★☆☆　　작업시간 5분

휠 점검(월 1회)

휠을 고정하는 퀵 릴리스를 제대로 조이지 않으면 주행이 불가능하다. 휠의
탈착이 쉬운 만큼 퀵 릴리스 레버의 고정을 간과하기 쉽다. 퀵 릴리스 레버
가 조여져 있는지 점검하자.

▶ 휠 점검

1 앞바퀴를 가볍게 들어 올린 다음 떨어뜨려 소
리를 확인해본다. 절그럭절그럭 소리가 나면
휠이 빠져있을 가능성이 있다.

2 퀵 릴리스 레버를 개방해본다. 손가락으로 간
단히 레버를 열 수 있는 경우는 나사가 흘거워
졌다는 증거다.

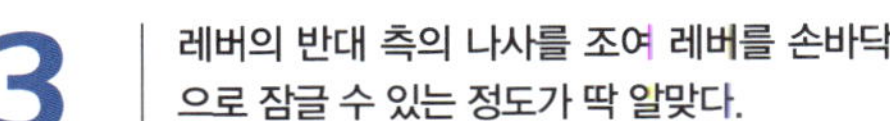

3 레버의 반대 측의 나사를 조여 레버를 손바닥
으로 잠글 수 있는 정도가 딱 알맞다.

4 마지막으로 브레이크가 림에 닿지 않는지 확
인한다.

Part 3 트러블 슈팅

난이도　★☆☆　　　작업시간 5분

디레일러 점검(월 1회)

디레일러가 흔들리고 있으면 제대로 변속을 하지 못하거나 체인이 빠져버린다. 변속을 하지 못하거나 체인이 빠지는 원인은 그 외에도 있지만 여기서는 디레일러 주변에 있는 볼트를 조이는 방법을 소개한다.

필요한 공구

육각렌치

▶ 뒤 디레일러 확인

1 │ 뒤 디레일러의 고정 볼트가 풀려있지 않은지 확인하고 풀려있으면 육각렌치로 조인다.

2 │ 뒤 디레일러의 케이블을 고정하고 있는 볼트를 조인다. 케이블이 빠지면 변속을 할 수 없게 되므로 확실히 확인하자.

▶ 앞 디레일러 확인

3 │ 앞 디레일러를 고정하고 있는 볼트를 조인다. 디레일러의 반대 측에 있으므로 잊어버리지 않도록 한다.

4 │ 앞 디레일러의 케이블을 고정하고 있는 볼트를 조인다. 케이블이 빠지면 변속을 할 수 없게 된다.

Part 3 트러블 슈팅

난이도　★☆☆　　작업시간 · 5분

크랭크 점검(월 1회)

크랭크가 흔들리면 안정된 페달링을 할 수 없으며 때로는 주행 중 크랭크가
갑자기 빠져버리는 경우도 있어 위험하다. 부상의 근원이 되는 중요한 부분
이므로 정기적으로 메인터넌스에 유의하자.

필요한 공구

육각렌치

▶ 크랭크 확인認

1 ｜ 페달을 돌려보고 원활하게 회전하는지 흔들림
은 없는지를 확인한다.

2 ｜ 체인 스테이와 크랭크를 동시에 쥐고 측면의
흔들림이 없는지 확인한다.

▶ 볼트 조이기

3 ｜ 크랭크를 고정하고 있는 볼트를 조인다.

4 ｜ 반대 측 볼트도 잊지 말고 조인다.

Part 4

포지션 조정

Part 4 포지션 조정

오래 달려도 지치지 않는
올바른 라이딩 포지션

일반적으로 말하는 올바른 자세는 등을 꼿꼿이 세우고 있는 것을 가리키
지만 자전거는 그 반대다. 기본적으로는 쓸데없는 힘을 들이지 않는 편한
자세가 가장 좋은 자세다.

긴장을 풀고 편하게 달릴 수 있는 이상적인 자세

포인트 ①
등

등은 포지션을 결정하는 요소 중 가장 중요한 포인트이다. 흔히 활을 만들라고 하는데 긴장을 풀어서 자연스레 활 모양이 되는 것이지 힘을 들여 활을 만드는 것은 아니다. 등에서 손끝에 걸쳐 힘을 뺀 상태가 이상적이다.

포인트 ②
엉덩이

엉덩이는 자전거를 젓는데 가장 중요한 포인트이다. 딱히 위치가 정해진 것은 아니지만 상반신과 팔 다리를 움직이지 않는 상태에서 힘을 빼고 긴장을 풀 수 있는 포지션에 위치하는 것이 대전제다. 만약 그렇지 않다면 안장이나 핸들의 위치를 조정하자.

포인트 ③
발목

발목도 그 외의 부위와 마찬가지로 긴장을 풀고 힘을 뺀 상태가 정답이다. 플랫 페달의 경우는 오르막을 달릴 때 페달에서 발이 빠지지 않도록 하자.

포인트 ④
시선

어떤 차종, 어떤 포지션에라도 시선은 진항방향을 정면으로 마주하는 것이 기본이다. 특히 스포츠바이크는 앞으로 기운 자세를 취하기 때문에 피로가 쌓이면 시선이 아래를 향하기 쉽다. 피로를 느끼기 시작했다면 더욱 의식적으로 정면을 향하자.

포인트 ⑤
팔꿈치

어깨 아래로는 전부 힘을 뺀 상태가 기본이다. 다만 핸들을 쥔 손은 필요한 최소한의 힘을 넣어서 쥐도록 한다. MTB로 오프로드를 달릴 때는 험한 길에서 자전거가 날뛰지 않도록 해야 하기 때문에 악력을 더욱 강하게 한다.

포인트 ⑥
무릎

다리도 긴장을 풀고 부드럽게 움직이는 것이 기본이다. 무릎 주변에 힘이 들어가는 사람이 많은데 무릎에서 아래쪽에는 힘을 넣지 않은 상태가 정답이다.

▶ 플랫핸들

어깨, 팔, 등의 힘을 뺀다.

어깨. 팔, 등 어디에도 힘이 들어가 있지 않음을 알 수 있다. 그립은 핸들에서 손이 빠지지 않을 정도로만 가볍게 쥐는 것이 이상적이다.

팔은 힘을 빼고 쭉 뻗는다.

시선은 정면을 보고 팔은 힘을 뺀 상태에서 그립까지 똑바로 뻗는다. 다리도 페달을 향해 똑바로 밟아 내린다. 이처럼 긴장을 푼 자세라면 똑바로 달리 수 있으므로 안전하다.

▶ 드롭핸들

등에 가볍게 활을 만든다.

플랫핸들의 자세보다 앞으로 기운 자세. 그렇지만 등, 어깨, 팔에 쓸데없는 힘이 들어가 있지 않고 등은 가볍게 활을 만든다. 목은 가볍게 위로 구부리고 시선은 전방을 향한다.

시선은 똑바로 정면을 본다.

브레이크 브래킷을 향해 힘을 빼고 팔을 뻗는다. 손은 브레이크 브래킷 혹은 핸들을 가볍게 쥐고 손이 빠지지 않도록 하는 것이 이상적이다. 시선은 똑바로 전방을 보는 것이 중요하다. 피로감이 몰려올 경우에는 특히 안전에 주의한다.

잘못된 라이딩 포지션

팔, 어깨, 다리에 지나치게 힘이 들어가 있다.

특히 MTB로 오프로드를 달릴 때는 핸들을 꽉 붙잡을 필요가 있어 팔에 힘이 들어가기 쉽다. 또한 다리가 O자 다리가 되면 쓸데없는 에너지를 소비해버리므로 O자 다리가 될 기미가 보이는 사람은 고관절에 힘이 들어가지 않도록 주의하자.

팔꿈치가 펴져 있다.

핸들로 체중을 받치고 팔에 힘이 들어간 상태. 단차 등으로 충격이 더해지면 몸의 피로로 이어진다. 또한 힘이 들어가 에너지를 헛되이 사용하여 핸들 조작이 어려워진다.

팔에 힘이 들어가 있다.

팔의 근력은 좌우 균등하지 않기 때문에 균형을 잡기 힘들고 휘청거리기 쉽다. 팔에 힘이 들어가 있으면 갑작스러운 사고가 발생했을 때 힘을 빼는 만큼 시간이 걸리기 때문에 위험하다. 상반신은 힘을 빼는 것이 원칙이다.

O자 다리가 되어 있다.

어깨에서 팔에 걸쳐 쓸데없는 힘이 들어가 어색한 자세가 되어 있다. 또한 다리가 O자 다리가 되어 있기 때문에 종지뼈 주변으로 신경에 통증이 발생하기 쉽다. 시선도 아래를 향하기 쉬워 전방을 제대로 볼 수 없게 되므로 위험하다.

등줄기와 팔의 버팀

핸들에 체중을 맡기고 등줄기는 펴고 팔에는 힘이 들어가 있다. 이 자세는 쓸데없는 에너지를 사용하는데다 주행 중 불의의 사고가 발생했을 때 대처하기 어렵다.

핸들이 너무 멀다.

드롭핸들 = 앞으로 기운 자세라는 이미지와 호흡을 하기 쉽다는 이유에서 무심코 핸들을 멀리 하기 쉽다. 하지만 등에 여유가 사라지고 균형을 잡기 어려워 자전거의 통제가 어려워진다.

Part 4 포지션 조정

핸들의 종류를 알고
나에게 맞는 핸들을 고르자

핸들의 폭이 몸에 맞지 않으면 핸들링이 잘 되지 않아 어깨에 힘이 들어가 버린다. 주행 중 어깨가 피곤하다면 핸들의 교환도 생각해보자. 다양한 종류 중에서 자신에게 맞는 것을 고르면 편안한 주행을 할 수 있다.

▶ 핸들의 폭에 대해

플랫 핸들

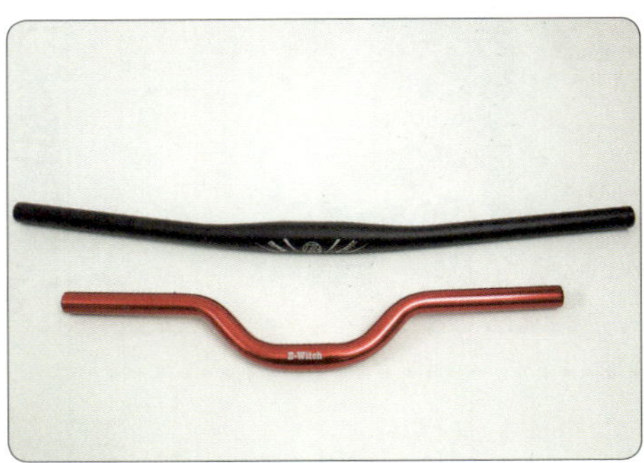

플랫 핸들은 MTB를 위해 고안된 핸들이다. 험한 노면에서 자전거가 날뛰지 않도록 단단히 누를 수 있게 폭이 넓고 옆으로 긴 것이 특징이다.

MTB나 하이브리드는 심플한 형태의 플랫 핸들(사진에서 위쪽)이 일반적이지만 다운힐 MTB등 큰 힘이 들어가는 용도에는 핸들이 위로 굽어진 라이저바(사진 아래)를 사용하는 경우도 있다.

드롭 핸들

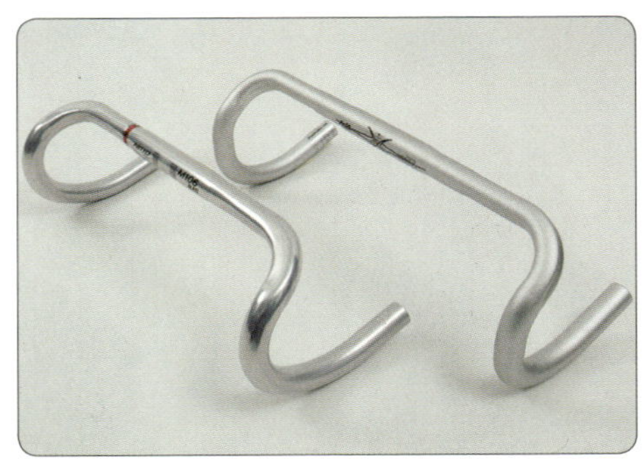

드롭 핸들은 사진과 같이 로드 바이크에 사용되는 핸들이다. 어깨넓이 정도의 폭으로 일반적인 주행 시 어깨에 쓸데없는 힘이 들어가지 않아 장거리나 장시간을 달리는데 적합하다.

어깨넓이에 맞춰 드롭 핸들의 폭을 고를 수 있는 것이 포인트다. 브랜드나 모델에 따라 드롭과 리치의 길이나 드롭의 형상이 다르므로 자신에게 맞는 것을 찾자.

▶ 핸들의 종류

어헤드 스템

현재 대부분의 자전거에 채용되고 있는 것이 스템을 포크 칼럼에 직접 설치한 어헤드 스템이다. 경량에 강도가 높은 것이 특징이다.

스레드 스템

어헤드 스템이 등장하기 전에는 스레드 스템이 주류였다. 포크 칼럼 내에 퀼을 밀어붙여 멈추는 타입이다. 핸들 포지션의 상하설정을 쉽게 할 수 있는 것이 특징이다.

스템 일체형 핸들

스템과 핸들이 일체형이 된 카본 재질의 핸들도 있다. 고가지만 스템과 핸들을 붙이기 위한 나사나 클램프가 불필요하기 때문에 경량으로 보다 강도를 높일 수 있다.

일체형의 핸들은 핸들 안쪽에 케이블 수납용 그멍이 뚫려 있어 핸들 주변에 케이블이 보이지 않아 외관이 깔끔하다.

플랫 핸들

하이브리드나 MTB에 채용되고 있는 핸들이다. 핸들의 양 끝을 절단하여 길이를 조정할 수 있는데다 시프트 레버의 위치도 쉽게 바꿀 수 있다.

불혼 핸들

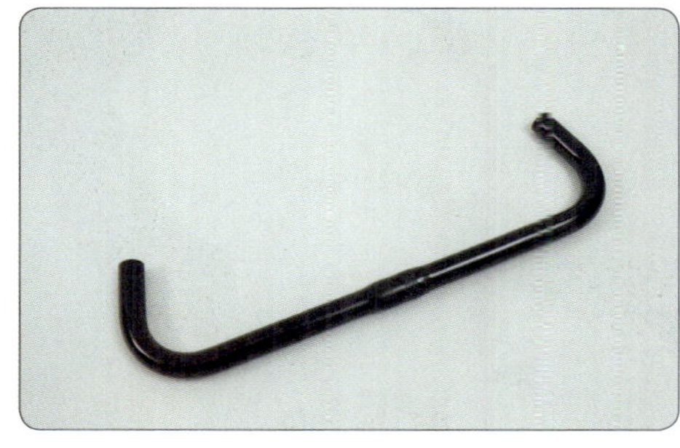

소의 뿔이라는 의미를 가진 핸들이다. 현재는 피스트에서 타는 것이 인기이지만 원라는 로드 바이크의 타임 트라이얼 경기를 위해 만들어졌다. 트랙 경기에서도 타임 계측에 의한 경기에 많이 사용된다.

Part 4 포지션 조정

난이도　★☆☆　　작업시간 5분

내 취향에 맞는 라이딩 포지션을 위한
드롭 핸들의 각도 조정

핸들의 각도를 바꾸는 것만으로도 라이딩 포지션이 달라진다. 핸들의 위치가 멀다고 느끼거나 가깝다고 느낀다면 각도를 바꿔보자. 허리의 위화감도 각도를 바꿈으로써 완화되기도 한다.

필요한 공구

육각렌치

▶ 헤드 캡을 느슨하게 한다.

1 핸들은 스템의 끝에 있으며 헤드 캡에 의해 고정되어 있다.

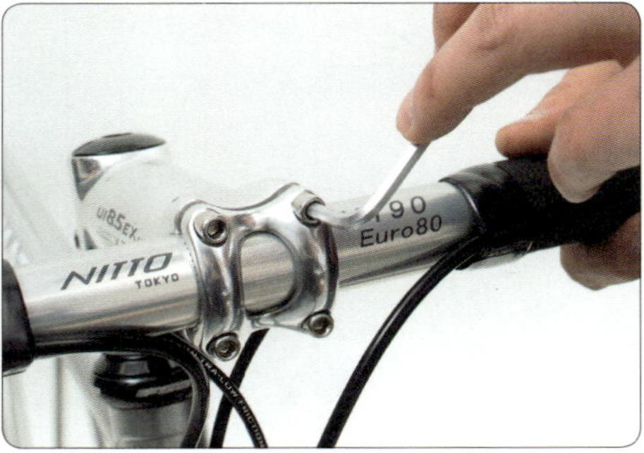

2 먼저 4개의 볼트를 느슨하게 한다. 헤드 캡에는 2개의 볼트로 고정하는 타입도 있다.

ZOOM!

4볼트 타입의 위쪽 2개의 볼트를 느슨하게 한 상태.

▶ 핸들의 거리와 각도

1 | 일반적인 라이딩 포지션의 경우

2 | 핸들은 일반적인 위치

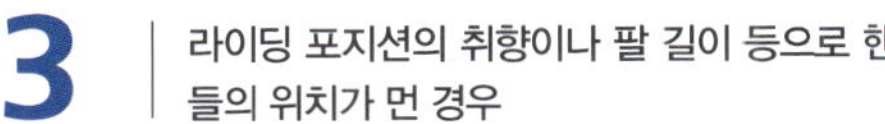

3 | 라이딩 포지션의 취향이나 팔 길이 등으로 핸들의 위치가 먼 경우

4 | 핸들의 각도를 올리면 핸들의 거리가 짧아진다.

5 | 라이딩 포지션의 취향이나 팔 길이 등으로 핸들의 위치가 가까운 경우

6 | 핸들의 각도를 내리면 핸들의 거리가 멀어진다.

Part 4 포지션 조정

난이도 ★☆☆　　작업시간 5분

쾌적한 페달링을 위한
안장 높이 조정

올바른 포지션으로 자전거를 타기 위해서는 안장의 높이도 중요하다. 페달을 내딛을 때 힘을 넣는 방법이 달라지기 때문에 안장의 높이가 잘못되면 무릎에 부담이 가서 통증을 느끼게 되는 경우도 있다. p49를 참고로 올바른 높이로 조정하자.

필요한 공구

육각렌치

▶ 시트 클램프의 종류

볼트 타입

시트 포스트를 고정하는 시트 클램프에는 2가지 종류가 있다. 이것은 볼트 타입으로 주로 로드용 자전거에 사용된다.

퀵 릴리스 타입

이것은 퀵 릴리스 타입이다. 주로 MTB에 사용되며 산길을 오를 때는 안장을 일반적인 위치보다 낮게 설정하기 때문에 공구를 사용하지 않는 방식을 취하고 있다.

▶ 안장의 높이 조정

볼트 타입의 경우

1 육각렌치로 시트 클램프의 볼트를 느슨하게 한 다음 높이를 조정한다. 이때 볼트가 완전히 빠져버리면 작업하기 어려우므로 주의한다.

2 시트를 움직여 높이를 결정한다.

퀵 릴리스 타입의 경우

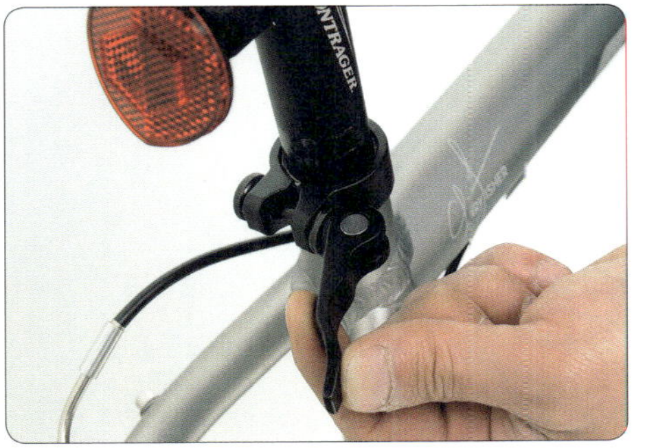

1 | 퀵 릴리스 레버를 열고 높이를 결정한다. 레버를 여는 것만으로 시트 클램프가 느슨해진다.

2 | 충분히 느슨해지지 않는 경우에는 나사를 푼다.

▶ 안장의 위치 정하기

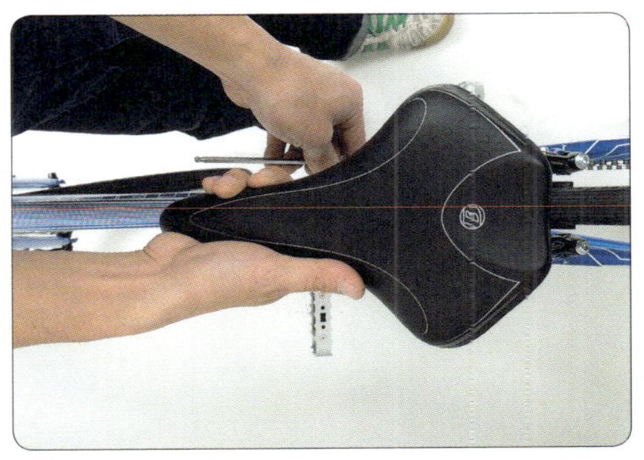

3 | 높이를 결정했다면 위에서 봤을 때 안장코 부분이 톱 튜브의 중앙과 일직선이 되도록 한다.

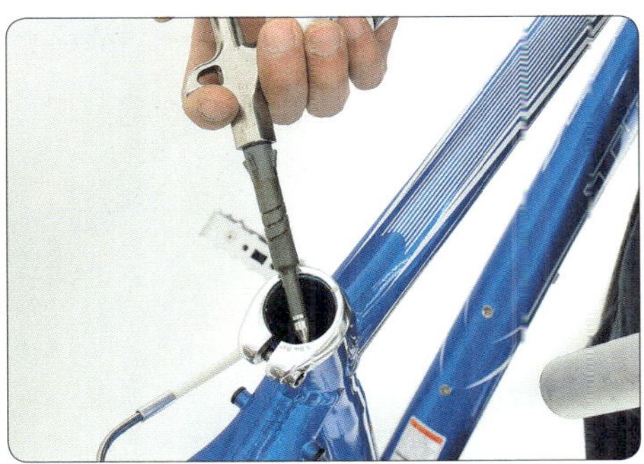

4 | 안장의 위치를 결정할 때 부드럽거 움직이지 않으면 그리스를 바른다.

▶ 시트 클램프 부분 조이기

5 | 높이와 위치가 결정됐으면 볼트를 조인다. 클램프의 슬릿이 평행이 되면 OK.

6 | 퀵 릴리스 레버의 경우에는 손바닥으로 잠글 수 있는 강도로 조인다.

Part 4 포지션 조정

난이도 ★☆☆　　작업시간 5분

쾌적한 페달링을 위한
안장 위치 조정

스포츠 자전거의 안장은 폭이 몹시 좁아 올바른 위치에 엉덩이가 닿지 않으면 고통을 동반한다. 주행 중 위화감을 느낀다면 안장의 위치나 각도를 조정하여 아프지 않도록 하자.

필요한 공구

육각렌치

▶ 안장 조절調節

1 육각렌치로 시트 포스트의 나사를 느슨하게 하여 조정 작업을 시작한다.

2 안장의 각도를 결정한다. 자전거의 종류나 취향에 따라 각도의 차이는 있지만 여기에서는 일반적인 수평 각도로 한다.

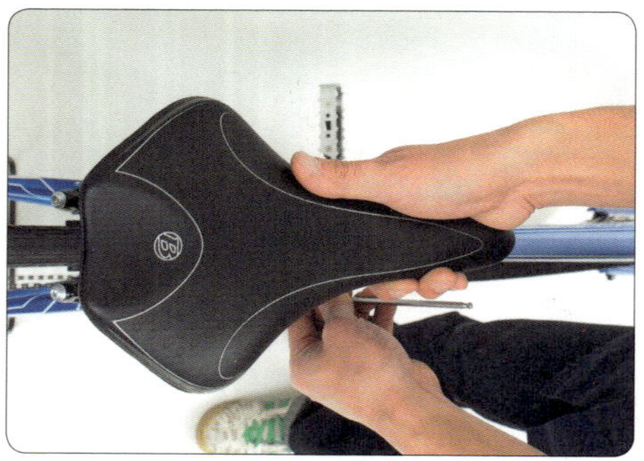

3 다음은 안장의 앞뒤 위치를 결정한다. 이것도 취향이나 스타일에 따라 다양하게 선택할 수 있다.

4 일반적으로 안장의 각도는 지면과 평행이 되게 한다.

▶ 안장의 위치

레일의 맨 앞에 고정한 경우 안장은 맨 뒤로 간다

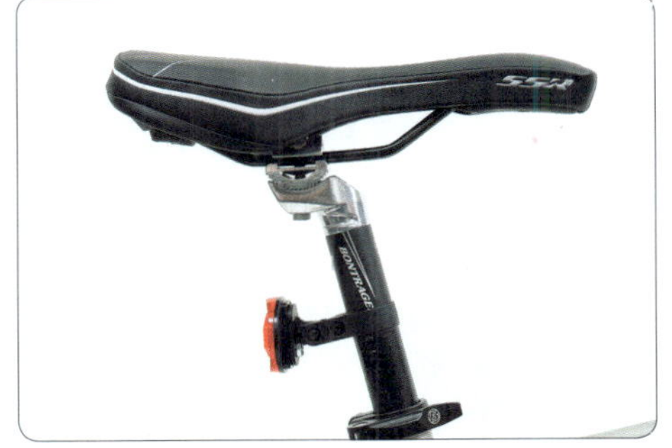

레일의 맨 뒤에 고정한 경우 안장은 맨 앞으로 온다.

▶ 안장의 각도

허리를 뒤로 빼서 타고 싶은 사람이나 허리가 앞으로 가버리는 것이 싫은 사람은 이와 같이 안장을 뒤 쪽으로 내리는 경우도 있다.

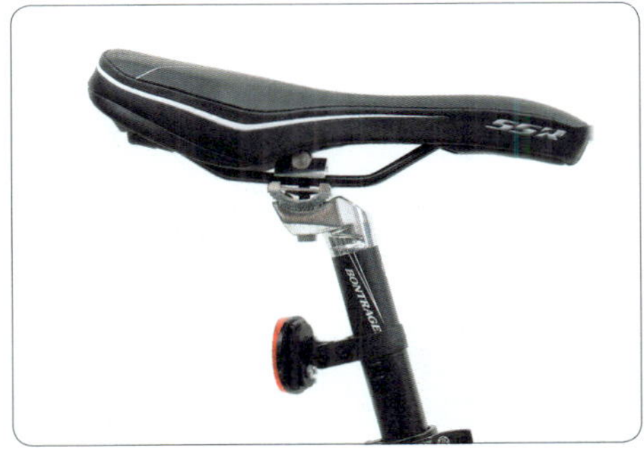

이렇게 설치하는 사람은 안장 높이가 너무 높을 가능성이 있다.

▶ 시트 포스트의 종류

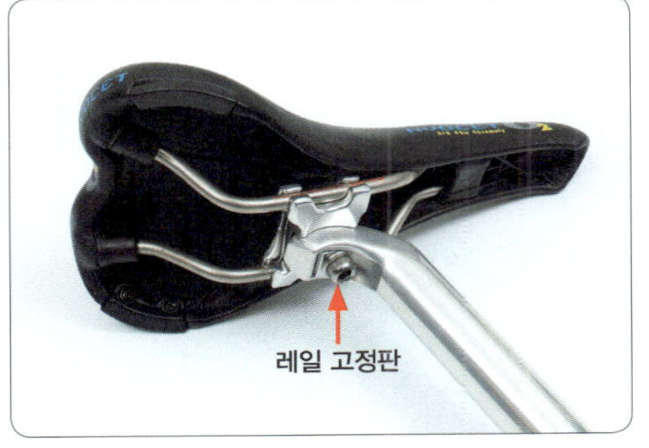

안장을 장착하면 알 수 있는데 레일 고정판이 후방으로 뻗어 있어 안장을 보다 뒤쪽으로 옮길 수 있다.

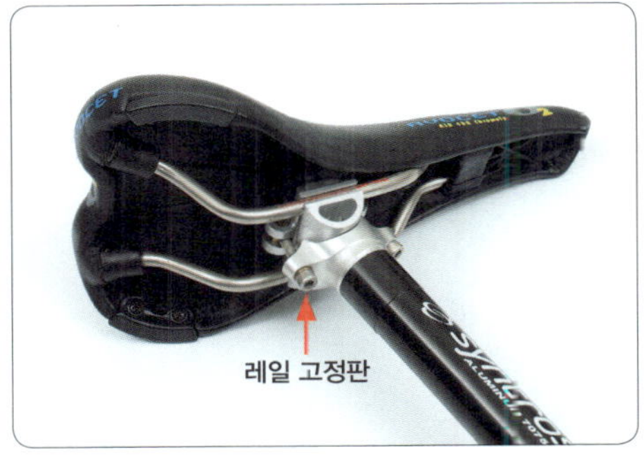

시트 포스트에서 레일 고정판에 걸쳐 똑바로 뻗어 있는 상태. 안장을 앞쪽으로 설치할 때 편리하다.

Part 4 포지션 조정

안장의 종류를 알고
나에게 맞는 안장을 찾자

안장은 폭과 두께에서 소재와 형상까지 다양한 종류가 있다. 특히 레이스용 안장은 좁고 얇은 형태이므로 높이나 각도 문제 이전에 형태 자체가 맞지 않아 엉덩이의 통증을 느끼는 경우도 있다. 대부분의 안장은 모든 자전거에서 사용이 가능하다.

▶ 레이스용 안장

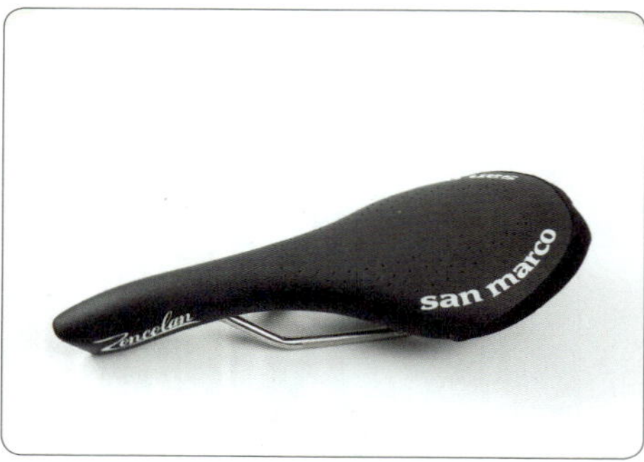

레이스용 안장은 깊게 앉는 것이 아니라 균형을 잡기 위한 것으로 좁고 딱딱한 형태를 하고 있다.

형태가 좁고 쿠션이 얇은 것이 특징이다. 상정하는 속도역이 높아 다리를 회전시키기 쉽도록 폭이 좁고 날씬하게 되어 있다. 쿠션이 너무 두꺼우면 페달링 중 쿠션이 들썩거려 힘이 낭비되기 때문이다.

▶ 컴퍼트 안장

하이브리드 등 부담 없이 즐기는 스포츠 사이클용 안장은 로드용에 비해 앉기 쉽게 설계되어 있다.

깊게 앉는 포지션에 맞도록 체중을 지탱하며 충격흡수성을 높이기 위해 쿠션이 두껍고 안장 뒷부분이 넓은 것이 특징이다.

◗ 다양한 안장

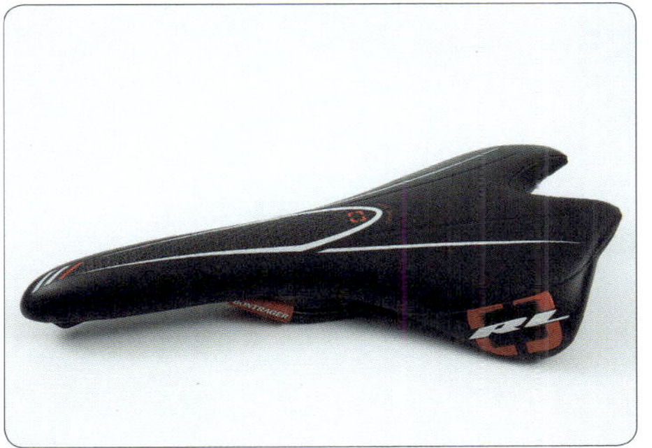

레이스용 안장은 안장 폭이 다양하다. 사람에 따라 골반 폭이 다른데다 안장이 너무 좁은 탓에 생기는 고통을 방지하기 위함이다.

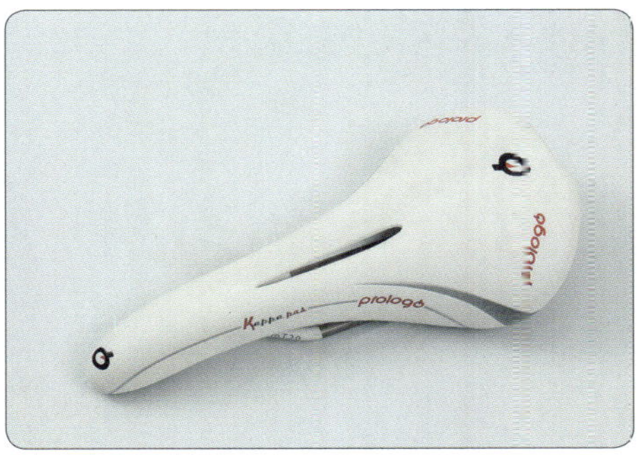

의학계 논문에서 발표된 스포츠 자전거를 타는 남성의 음부 혈액 순환 불량의 위험성을 계기로 패드의 소재를 바꾼 것과 안장 중앙에 구멍이 뚫려 있는 타입(사진) 등이 등장했다.

전통적인 디자인의 안장도 인기다. 사진의 안장은 150년 이상의 역사를 가진 브랜드의 가죽 안장이다. 가죽 안장은 타는 동안 가죽이 늘어나 자신의 엉덩이에 맞는 형태가 되어 간다.

시내 주행용 차종의 안장에는 시티 사이클과 같기 안장 뒷부분에 스프링이 들어 있는 것도 있다.

왼쪽이 남성용, 오른쪽이 여성용이다. 여성은 골반이 넓기 때문에 안장도 그에 맞춰 뒷부분이 남성용보다 넓게 만들어져 있는 모델이 많다. 엉덩이가 아픈 남성에게도 추천한다.

쿠션이 두껍게 들어 있는 것도 여성용 안장의 특징 중 하나다. 충격흡수성이 높은 것이 특징이다.

Part 4 포지션 조정

난이도 ★☆☆   작업시간 15분

자신에게 맞는 안장을 찾았다면
안장을 교환하자

전문점에 상담하여 자신에게 맞는 안장을 새로 구입했다면 안장을 교환하자.
안장의 두께는 종류에 따라 다양하므로 안장의 높이도 다시 조정한다.

필요한 공구

육각렌치

▶ 시트 필러의 종류

싱글 볼트 타입

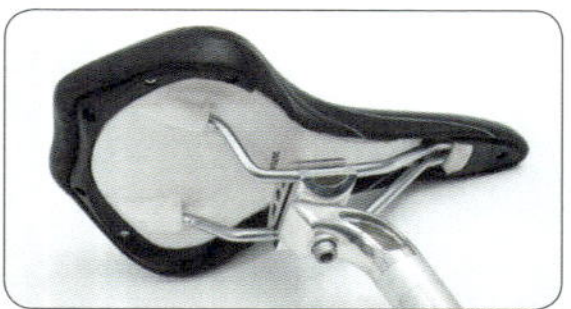

시트 포스트의 머리 부분에는 안장의 레일 고정판이 있으며 안장의 레일을 고정하는 볼트가 있다.

더블 볼트 타입

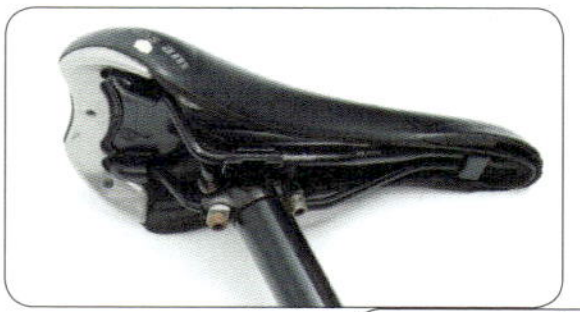

시트 필러 전방에 있는 나사는 각도 조절, 후방에 있는 나사는 고정용이다.

▶ 안장 분리

싱글 볼트 타입의 경우

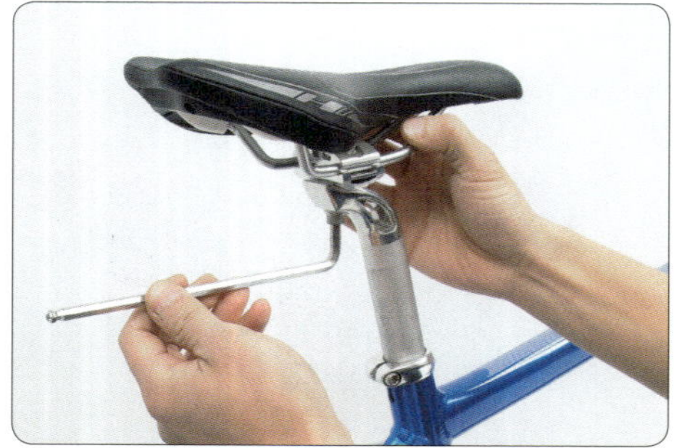

1 안장 고정 볼트를 육각렌치로 느슨하게 한다. 시트 필러의 레일 고정판이 빠지지 않을 정도까지 나사를 느슨하게 했다면 나사를 밀어 레일 고정판의 윗부분을 들어 올려 회전시킨다.

2 안장을 전방으로 미끄러뜨리면 떼어 낼 수 있다. 레일 고정판이 걸리면 나사를 빼고 레일 고정판을 뺀 상태에서 떼어 낸다.

더블 볼트 타입의 경우

1 고정용 나사를 고정력이 없어질 정도까지 느슨하게 한다. 그런 다음 각도 조절 나사를 빠지지 않을 정도까지 최대한 느슨하게 한다.

2 다음으로 고정용 나사를 풀어 떼어 낸다. 마지막으로 상단의 레일 고정판을 회전시켜 안장을 전방으로 미끄러뜨려 떼어 낸다.

▶ 안장 장착

싱글 볼트 타입의 경우

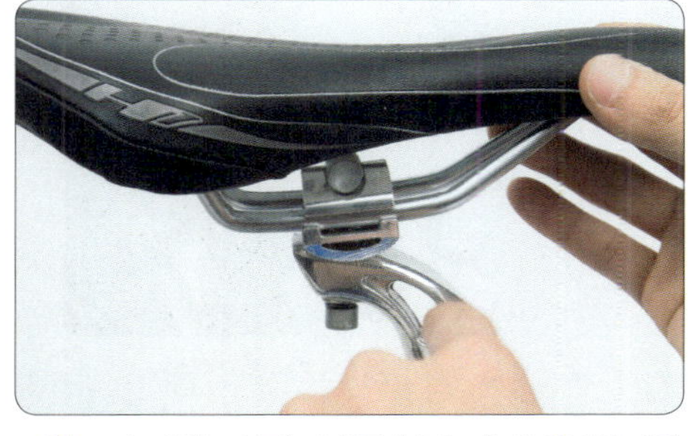

1 레일 고정판 아래쪽에 있는 홈에 안장의 레일을 맞추고 미끄러뜨리면서 안장을 장착한다.

2 안장의 각도가 올바른지 확인하면서 각도를 결정한다. 고정 볼트를 조이면 안장 교환이 완료된다. 새로운 안장의 두께가 기존 안장과 다른 경우에는 높이도 조정하자.

더블 볼트 타입의 경우

1 레일 고정판의 아래쪽에 있는 홈에 안장의 레일을 맞추고 미끄러뜨리면서 안장을 장착한다.

2 안장이 빠지지 않도록 고정 볼트를 조금씩 조이며 각도를 결정한 다음 고정 볼트를 확실히 조인다. 마지막으로 안장의 높이를 조정하면 완료된다.

Part 4 포지션 조정　　　난이도 ★☆☆　　작업시간 10분

내 취향에 맞는 라이딩 포지션을 위한
스템 교환

핸들 각도를 바꿔도 포지션이 개선되지 않는 경우에는 스템을 교환하자. 스템에는 알루미늄이나 카본 재질까지 다양한 종류가 있는데 자신에 맞는 사이즈를 고르는 것이 가장 중요하다.

필요한 공구

육각렌치

▶ 스템 교환

스템 분리

1 핸들을 고정하고 있는 스템을 교환하는 작업이다.

2 육각렌치로 스템의 클램프를 고정하고 있는 볼트를 벗긴다.

3 클램프가 빠지면 핸들도 떼어 내자. 핸들은 케이블로 이어져 있으므로 잡아당기지 않도록 주의한다.

4 톱 캡의 볼트를 느슨하게 한다.

5 | 핸들에 주의하면서 스템의 볼트를 느슨하게 한다.

6 | 톱 캡의 볼트가 헐거워졌으면 톱 캡과 스템을 떼어 내자.

스템과 핸들 장착

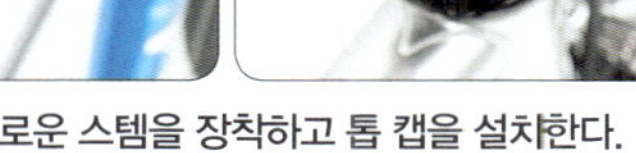

1 | 새로운 스템을 장착하고 톱 캡을 설치한다.

2 | 톱 캡을 한 다음 스템의 고정 볼트를 조인다.

3 | 스템의 헤드 캡을 장착하고 핸들을 고정하자.

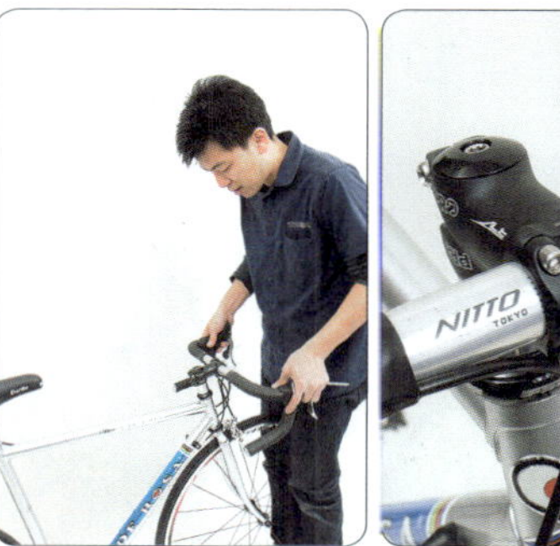

4 | 마지막으로 헤드의 흔들림을 체크하면 완성이다.

Part 4 포지션 조정

난이도 ★☆☆　　작업시간 10분

스페이서 교환

핸들과 스템의 높이를 바꾸고 싶을 때는 스페이서의 개수를 바꾸는 것도 효과적이다. 교환할 때는 스템을 떼어 내는 작업이 필요한데 자세한 방법은 p64~65 를 참조하자.

필요한 공구

육각렌치

스페이서 교환

스페이서의 위치

1 핸들의 목에 해당하는 부분에 스페이서가 여러 개 장착되어 있다.

2 이것이 스페이서 본체다. 카본 재질이나 다양한 컬러가 있어 높이 조정뿐만 아니라 장식으로도 즐길 수 있다.

스템 분리

1 육각렌치로 볼트를 느슨하게 하여 스템을 떼어 내자.

2 톱 캡을 벗기는 것도 잊지 말자.

스페이서를 뺀다.

1 | 핸들이 붙어 있는 채로 스템을 데어 낸다.

2 | 조정하고 싶은 만큼 스페이서를 빼자.

스템과 핸들 장착

1 | 다시 스템을 달고 남은 스페이서를 그 위에 끼운다.

2 | 톱 캡을 되돌린 다음 볼트를 조이고 헤드의 베어링을 조정하자.

3 | 마지막으로 핸들의 흔들림을 확인한다.

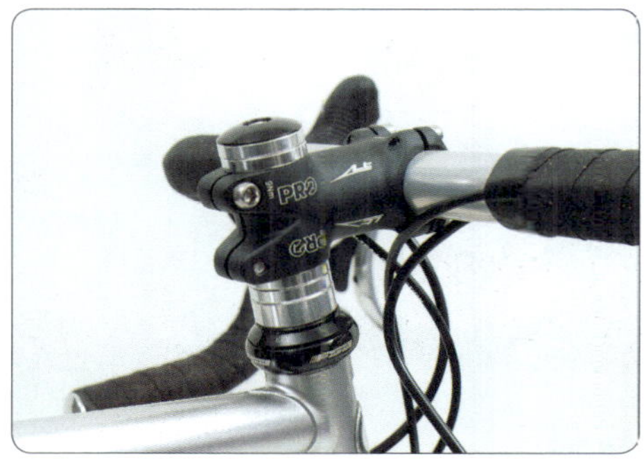

4 | 핸들의 높이가 낮아졌다.

Part 5

세차와 주유

Part 5 세차와 주유

종류별로 알아둬야 할
세차 준비와 주의점

세차도 메인터넌스 중 하나다. 오염을 씻어냄으로써 컴포넌트의 회전부분의 움직임이 원활해진다. 또한 부품의 노화나 손상을 발견할 수도 있다. 잠시만 자전거를 타지 않아도 먼지가 쌓이므로 마른걸레질 정도는 성실하게 해두자.

로드 바이크

레이스 현장에서는 자전거를 물로 씻는 프로의 모습을 볼 수 있지만 개인이 할 경우에는 프레임이나 부품 내부에 물이 들어가기 쉬우므로 주의해야 한다. 특히 오일이 흐르고 있는 부품 내부에 물이 들어가면 내부에 물이 고여 녹의 원인이 된다. 스틸 프레임도 물이 빠지는 구멍이 적어 녹슬기 쉬우므로 주의하자.

1년에 몇 번씩 부품에 그리스를 바르는 사람에게는 물 세차가 아무 문제없지만 메인터넌스가 서투른 사람은 헝겊에 클리너나 왁스를 발라 닦아내는 방식이 트러블이 적다.

MTB

기본적으로 오프로드 주행이 목적인 자전거이므로 오염으로부터 벗어날 수 없다. 흙먼지가 붙는 것이 당연하므로 물이나 브러시를 이용하여 세차하지 않으면 오염을 씻어낼 수 없다.

진흙은 프레임이나 프크뿐만 아니라 브레이크 체인 등의 구동계 부품에도 달라붙기 때문에 클리너 외에도 양동이, 물, 브러시 등을 준비할 필요가 있다. 또한 진동이 격한 차종이므로 세차를 하면서 부품의 소모나 파손에 주의하며 확인할 필요가 있다.

하이브리드 · 미니벨로

하이브리드나 미니벨로는 일상생활 속에서 사용하는 사람이 많다. 그렇기 때문에 시티 사이클과 똑같이 취급해버려 메인터넌스 자체를 소홀히 하기 쉽다.

체인이나 스프로켓이 녹슬거나 기름때가 낀 자전거를 자주 볼 수 있는데 기름때에는 모래가 섞여 있어 금속 부품을 깎아버린다. 또한 프레임의 오염은 먼지를 더욱 흡착하여 잔기스와 색 바램의 원인이 된다. 스포츠 바이크 중에서는 비교적 저가의 차종이지만 결코 저렴한 물건은 아니다. 소중하게 관리하자.

   난이도 ★☆☆   작업시간 30분

애마를 오랫동안 타기 위한

자전거 간단 클리닝

가까운 시내 주행이나 운동 삼아 타는 정도라면 과도하게 더러워지지 않으므로 걸레질만으로 충분하다. 여기서는 방 한쪽 구석이나 현관 앞에서 간단하게 할 수 있는 세차 방법을 소개한다. 특히 체인 주변은 오염이 부착하기 쉬운 곳이므로 세심하게 클리닝하자.

필요한 공구

드라이버

➡ 걸레질 클리닝

필요한 준비

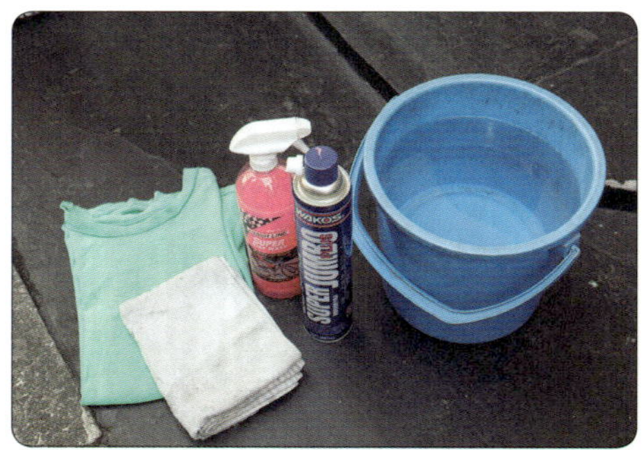

1 먼저 물이 들어 있는 양동이, 타월, 안 입는 셔츠와 세정용 제품(p34참조).

걸레질 개시

2 물에 적신 타월을 꽉 짠 후 프레임을 닦자. 세정용 제품을 사용하고 있는 부분은 나중에 작업한다.

POINT

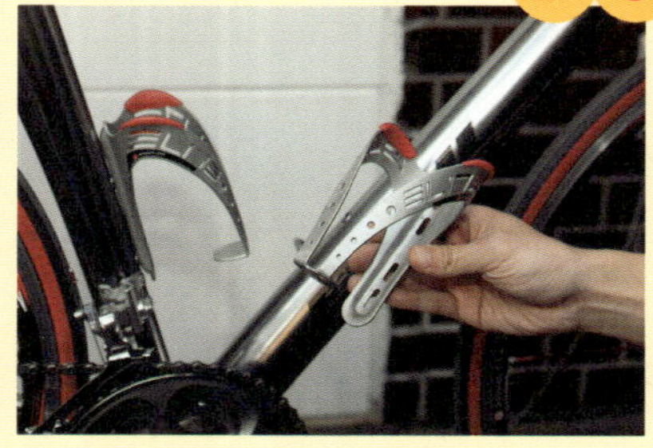

자전거에 붙어 있는 보틀 케이지 등의 액세서리류는 걸레질의 방해가 되므로 드라이버 등으로 벗겨 둔다.

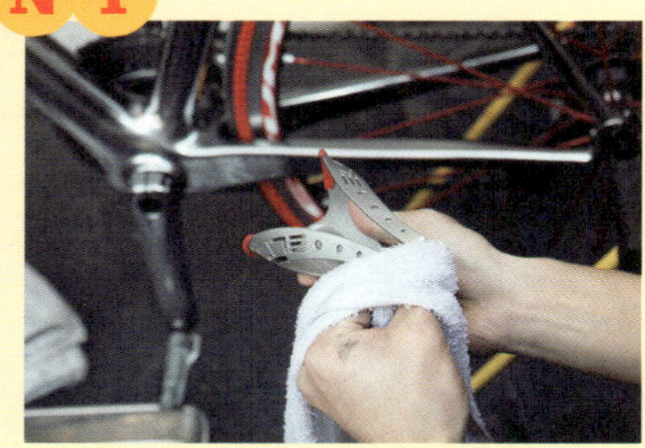

떼어 냈으면 보틀 케이지의 걸레질 청소도 같이 하는 것이 좋다. 음료를 넣는 액세서리이므로 청결하게 유지하는 것이 중요하다.

3 타월을 펼쳐서 크랭크의 안쪽을 닦는다. 틈새로 타월이 잘 들어가도록 궁리하자.

4 브레이크 주변은 브레이크슈의 찌꺼기가 부착되기 쉬운 곳이다. 특히 비오는 날의 주행 후에는 브레이크슈가 닳아서 줄어들거 있기 때문에 주의하여 닦아낼 필요가 있다.

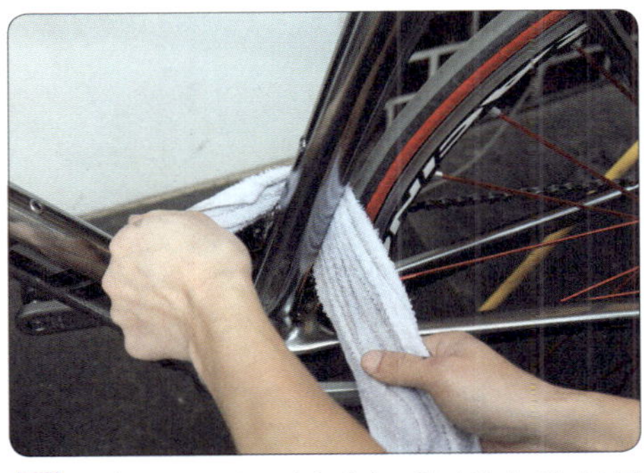

5 타이어와 프레임 사이도 잊지 말자. 여기도 타월을 펼쳐서 닦자.

6 스포크를 하나하나 닦고 허브 부분의 걸레질도 잊지 말자.

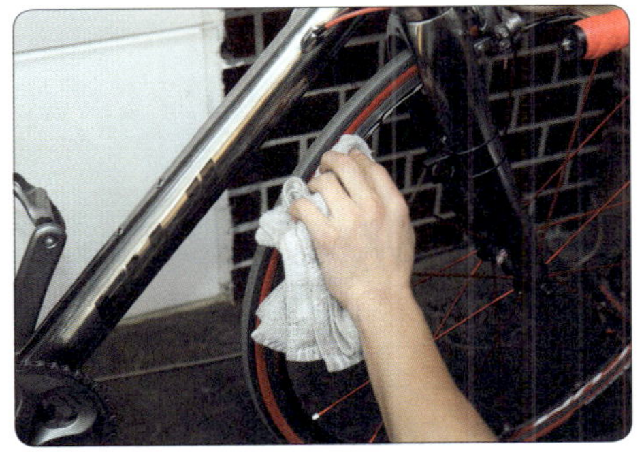

7 림이 더러워져 있으면 브레이크의 작동이 나빠지고 잡음의 원인이 되기도 한다. 이 부분도 세심하게 클리닝하자.

타월로 물걸레질을 한 다음에는 보풀이 적은 티셔츠 등으로 마른걸레질을 하자.

▶ 스프로켓 클리닝

1 부품 전용 클리너를 준비한다. 대량으로 사용하므로 사이즈가 큰 것을 사는 것이 좋다.

2 클리닝 전에 후륜을 떼어 낸다. 스프로켓의 틈새는 좁기 때문에 티셔츠 등의 얇은 천을 사용하자. 천에서 액이 떨어지지 않을 정도로 클리너를 뿌려서 닦는다.

3 사진과 같이 천을 펼쳐서 스프로켓의 사이에 끼워 넣고 좌우로 움직이면서 일정한 방향으로 스프로켓을 회전시키면 깨끗해진다.

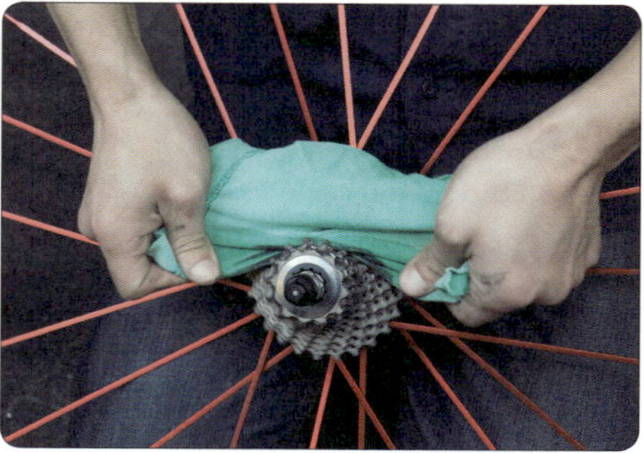

4 한 장 한 장 착실하게 같은 작업을 계속하자.

5 스프로켓의 클리닝 도중, 안쪽의 4장까지 청소한 상태.

6 10장 전부 클리닝을 끝낸 상태. 착실한 작업으로 무척 깨끗해졌음을 알 수 있다.

체인 클리닝

1 클리너는 스프로켓과 같은 것을 사용한다.

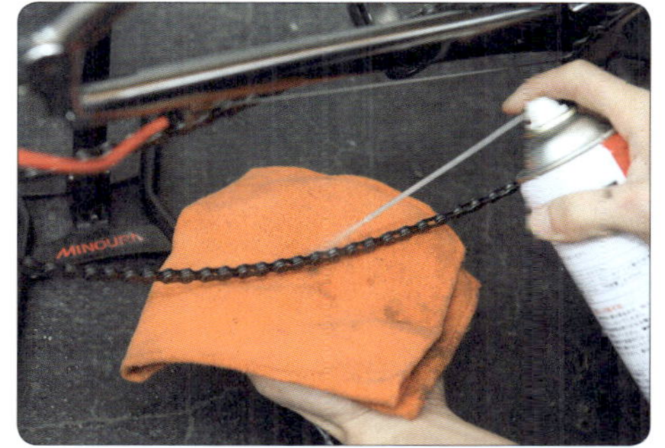

2 헝겊을 체인 아래에 펼치고 클리너를 듬뿍 뿌린다.

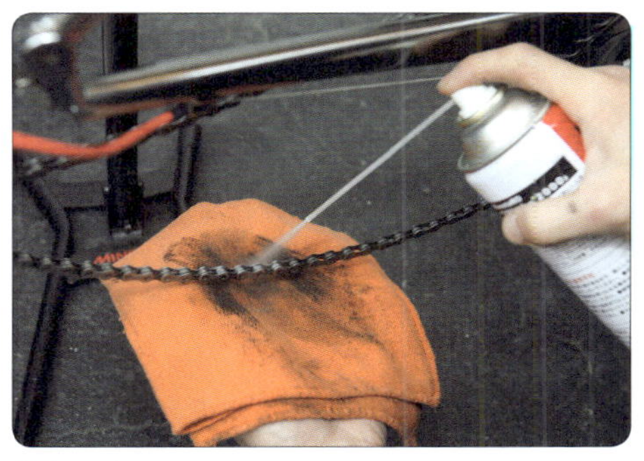

3 잠시 그대로 두면 체인의 오염이 흘러나온다.

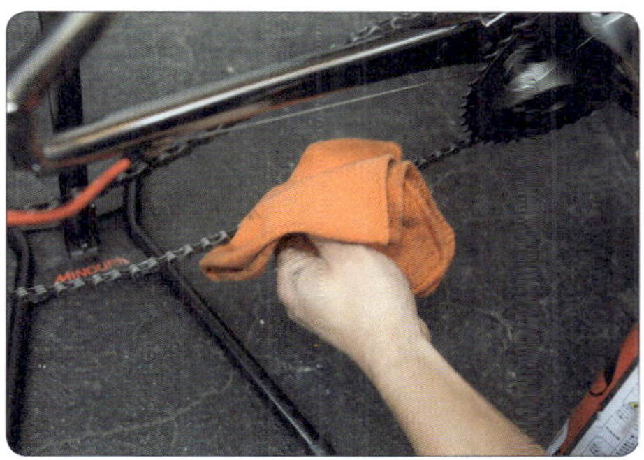

4 다음으로 체인을 헝겊에 끼워 넣고 닦는다. 페달을 돌려 더러워진 체인을 이동시켜 똑같이 작업해나간다.

5 체인링 부분도 닦자.

6 기어의 안쪽이나 이가 움푹 들어간 곳도 잊지 말고 닦아 내자.

7 클리너를 적신 헝겊으로 뒤 디레일러의 체인이 통과하는 부분을 닦는다.

8 텐션 풀리 부분도 확실하게 닦자.

9 가이드 풀리를 천으로 붙잡고 페달을 돌려 체인을 일주시킨다.

사진과 같이 헝겊으로 가이드풀리를 클리닝한다.

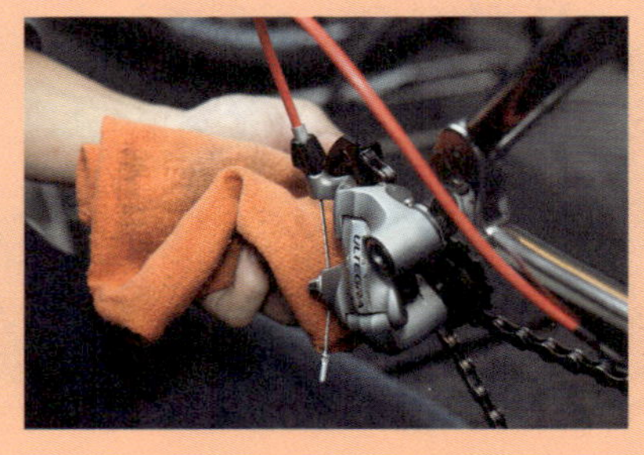

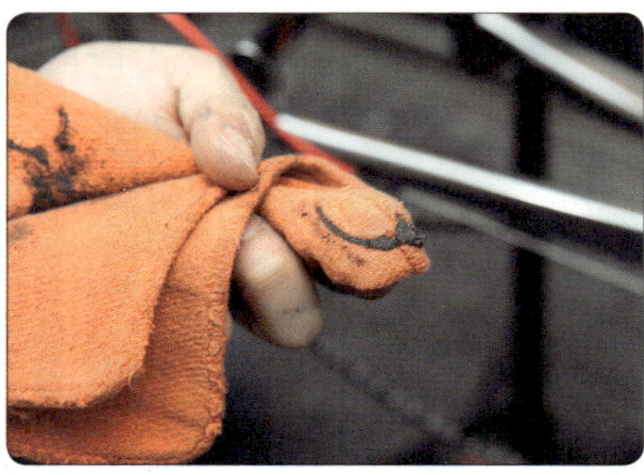

10 의외로 더러워져 있음을 알 수 있다. 체인을 클리닝함으로써 페달링이 가벼워진다.

11 마지막으로 후륜을 장착하면 클리닝이 완료된다.

간단 클리닝

1 효과적으로 오염을 없애는 클리너. 코팅 효과도 있는 우수한 제품이다.

2 헝겊에 클리너를 가볍게 뿌린다.

3 다음은 더러워진 부분을 닦는 것뿐.

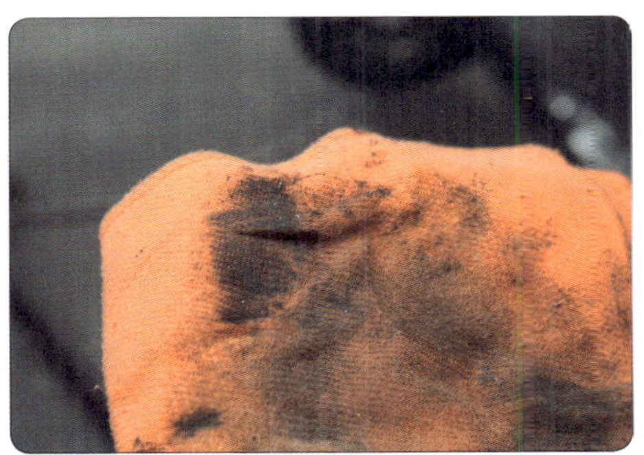

4 강하게 문지르지 않아도 오염이 닦인다.

손을 더럽히지 않는 체인 클리닝

1 이것은 카세트 타입의 체인 전용 클리너 키트다. 체인에 카세트를 설치하고 부속 세정제를 넣어 페달을 돌린다.

2 카세트 안에 있는 3개의 로터 브러시가 체인을 깨끗하게 세정한다. 세정이 끝나면 부속 주유제를 카세트에 넣어 간단하게 주유도 할 수 있다.

Part 5 세차와 주유

난이도 ★★☆　　　작업시간 40분

직접 관리하자
바테이프 교환

바테이프는 소모품이다. 더러워지거나 잘 미끄러지면 외관은 물론 안전을 위해서도 교환하자. 또한 넘어져서 닳거나 끊어졌을 때는 곧바로 바꿀 것을 권한다. 타이밍은 타는 빈도에 따라 다르지만 언제라도 할 수 있도록 습득해 두면 안심이다.

필요한 공구

가위

필요한 준비물

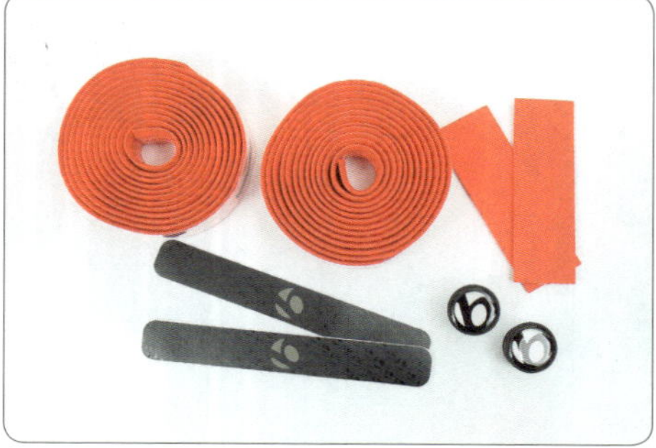

1 바테이프를 구입하면 바테이프 외에 화장 테이프와 엔드 캡이 딸려 있다.

2 작업에는 가위와 비닐 테이프를 준비한다.

▶ 낡은 바테이프를 벗겨 낸다.

1 핸들의 블래킷을 젖히고 바테이프를 노출시킨다.

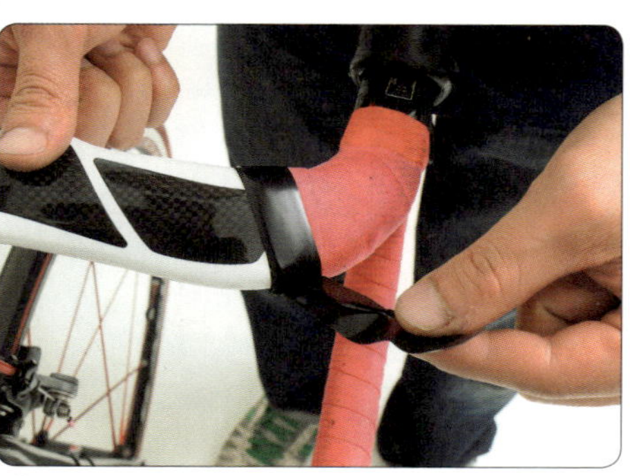

2 화장 테이프를 벗기고 바테이프를 고정하고 있는 비닐 테이프도 벗긴다.

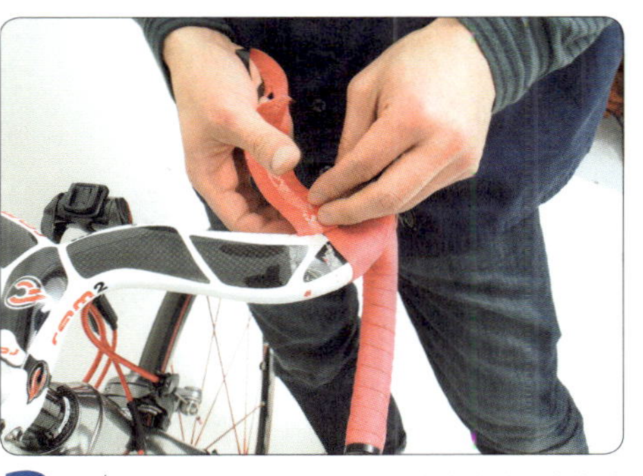

3 바테이프를 벗겨 나간다. 바테이프는 양면 테이프로 핸들에 단단히 들러붙어 있기 때문에 힘든 작업이다.

4 엔드 캡을 벗긴다. 마지막으로 핸들에 붙어 있는 바테이프의 찌꺼기를 깨끗하게 제거한다. 클리너를 사용하면 잘 떨어진다.

▶ 바테이프를 붙인다.

1 손이 닿는 곳에 미리 비닐 테이프를 준비해 두자.

2 감을 때는 반드시 안쪽으로 감는다. 처음 감을 때는 테이프를 서로 절반정도 비어져 나오게 한다.

3 핸들의 곧게 뻗은 부분은 사진과 같이 큰 간격으로 감는다. 테이프 폭의 3분의 1을 기준으로 감아 나간다.

핸들이 활처럼 굽어 있는 부분에 다다르면 테이프를 감는 간격을, 핸들 안쪽으로 겹치는 부분이 테이프 폭의 2분의 1정도가 돼도록 감는다.

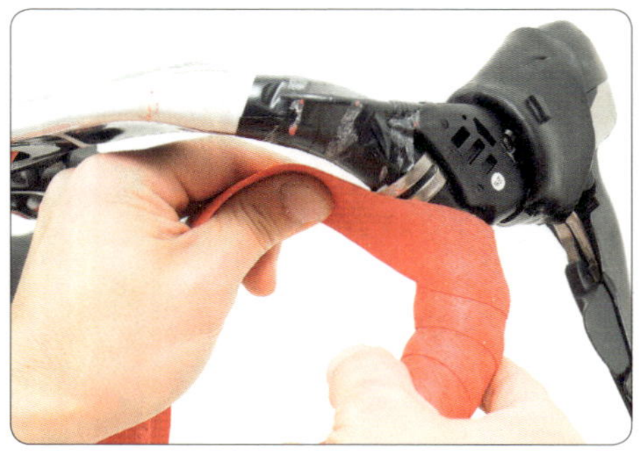

4 블래킷 바로 앞까지 감았으면 바테이프를 살짝 잡아당기면서 감는다.

5 블래킷 부분은 테이프를 교차시키면서 감는다. 사진과 같이 위로 바테이프를 잡아당긴다.

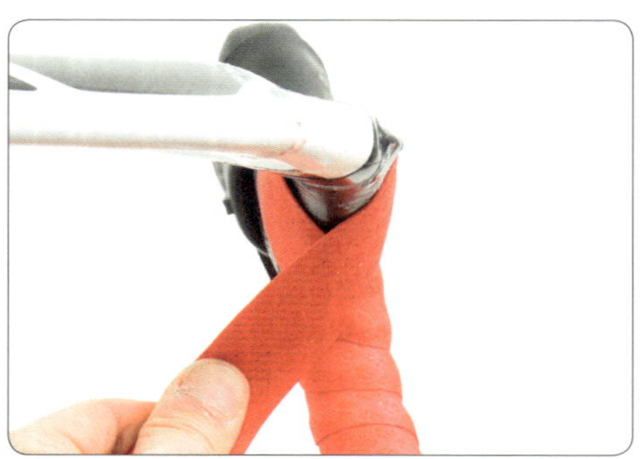

6 그대로 아래로 가져간다.

7 다음으로 블래킷의 아래 부분을 다시 한 번 감는다.

8 다시 한 번 바테이프를 교차시켜 감는다. 블래킷 부분은 어렵지만 잡아당기면서 감는 것이 요령이다.

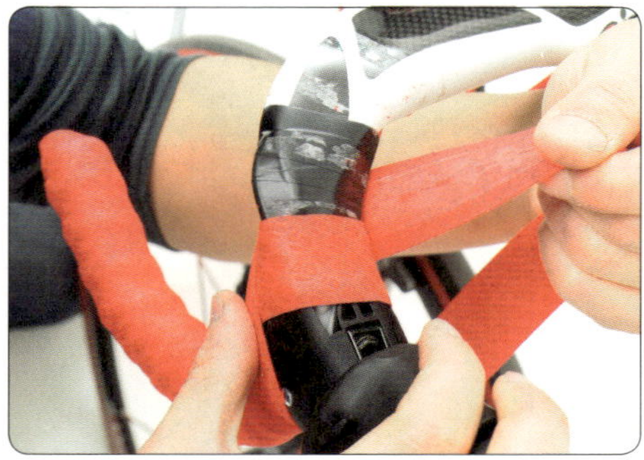

9 블래킷 부분을 다 감았으면 테이프 폭의 3분의 1 간격으로 감아 나간다.

10 | 그대로 바테이프를 감아 나간다.

11 | 이전에 바테이프가 붙어 있던 곳에서 멈춘다.

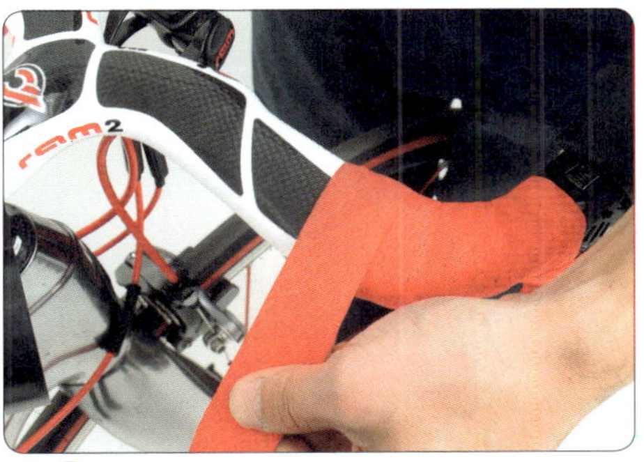

12 | 마지막으로 테이프를 살짝 잡아당긴다.

다 감고 나면 테이프 끝이 똑바로 되도록 가위로 비스듬히 자른다.

▶ 마무리

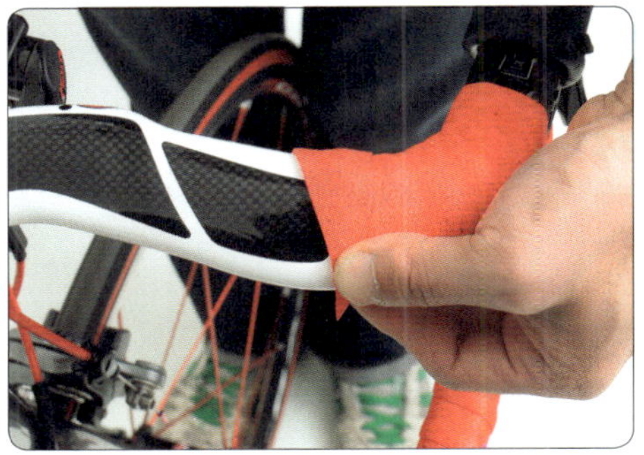

13 | 몇 번쯤 테이프를 대어보고 자를 부분을 조정한다.

14 | 마지막으로 바테이프가 벗겨지지 않도록 비닐 테이프로 감아서 고정시킨다.

15 비닐 테이프를 다 감았으면 딸려 있는 화장 테이프를 붙여 나간다. 로고가 박혀 있는 경우에는 자전거를 정면에서 본 방향으로 붙이는 것이 기본이다.

16 엔드 캡을 장착하는 것을 잊지 말자.

엔드 캡은 바테이프가 밀려 나온 부분을 안쪽으로 밀어 넣으면서 장착한다. 떨어지기 쉬우므로 꽉 밀어 넣는다. 캡이 고정되지 않으면 뭔가를 채워 넣어도 좋다.

17 블래킷을 되돌리면 한쪽이 완성된다.

18 반대쪽 핸들도 같은 방식으로 안쪽으로 감아지도록 한다.

19 반대쪽도 완성. 감는 방향을 틀리지 않도록 주의하자.

Part 5 세차와 주유

난이도 ★☆☆　　　작업시간 5분

세차 후에는 잊지 말고
체인에도 주유하자

세차 후에는 반드시 체인의 주유가 필요하다. 체인의 오일이 마르면 녹이 생기는 것은 물론 마찰이 커져서 체인의 마모가 빨라진다. 하지만 오일을 지나치게 많이 뿌리면 끈적끈적해서 오염이 부착되어 더러워지기 쉬우며 마모를 앞당긴다. 부지런히 확인하여 적정량을 주유하도록 하자.

필요한 공구

오일

1 ｜ 부품 전용 오일을 준비한다.

2 ｜ 수분이 남아 있을 가능성이 있으므로 만약을 위해 걸레로 닦자.

3 ｜ 페달을 천천히 돌리면서 체인에 주유한다.

4 ｜ 체인에 묻은 여분의 오일은 페달을 돌리면서 헝겊으로 닦아낸다.

Part 6 타이어·휠

종류 별로 보는
타이어와 휠의 특징

로드, 하이브리드, 미니벨로, MTB에는 각각의 용도나 상정하는 속도역이
있기 때문에 휠의 사이즈나 타이어의 두께에도 차이가 있는 것이다. 자신의
주행 방식이나 기호를 음미한 다음 애다에 맞는 휠과 타이어를 고르자.

로드 바이크

원래 레이스용으로 개발된 차종인 만큼 사이즈는 700C라는 독자적인 규격을 채용하고 있다. 공기 저항이 가장 큰 벽이 되는 차종이므로 타이어와 림의 폭이 좁다. 게다가 림의 높이가 30mm~80mm 정도인 딥 림이라고 하는 스포크가 공기를 어지럽히는 범위를 좁게 하여 공기 저항을 줄인 것도 있다.

제조회사가 조립하여 판매하는 완조 휠과 28~36 살의 스포크를 전문점에서 조립하여 판매하는 수조 휠 타입이 있다.

하이브리드

로드의 경쾌함과 MTB의 편안한 승차감을 절충한 소위 비장르 차종이다. 림의 지름은 700C가 많지만 타이어는 로드용에서 MTB보다 약간 좁은 정도까지 다양하다.

시내 주행을 상정하고 있어 충격흡수성이 높으며 단차 등을 뛰어넘기 쉽도록 두꺼운 타이어가 사용되도록 설정되어 있다. 그 때문에 좁은 타이어를 사용하고 싶을 때 림의 장착범위가 좁은 경우가 있으므로 주의가 필요하다.

미니벨로

작은 휠이 귀엽고 스타일리시하여 인기 있는 차종이다. 시내 등 멈춤이 많고 스피드를 내지 않는 것을 상정하고 있어 가벼운 주행을 할 수 있는 작은 지름의 휠을 사용하고 있다.

스피드를 유지하는 것이 어려워 로드처럼 달리기에는 적합하지 않다.

스포크가 짧기 때문에 휠은 비교적 튼튼하다. 하지만 휠에 충격흡수성을 기대하기는 어려우며 타이어는 하이브리드와 같이 두꺼운 것을 사용하는 방식이 많다.

MTB

진흙이 차는 것을 방지하기 위한 프레임이나 브레이크와의 공간을 둘 필요에 의해 26인치를 채용하고 있다. 그렇지만 갭을 뛰어넘기 쉽다는 이유에서 최근에는 29인치도 인기가 있다. 양쪽 모두 1.8~2.3인치 정도의 굵은 타이어를 사용하기 때문에 림의 폭은 넓다.

레이스 등에서 펑크를 직접 수리할 필요가 됫기 때문에 스루액셀과 같이 퀵 릴리스보다 쉽게 휠을 떠어 낼 수 있는 기능의 새로운 시스템을 채용하는 차종이기도 하다.

Part 6 타이어·휠

알아둬야 할
휠의 종류

타이어에는 클린처 타이어, 튜브리스 타이어, 튜블러 타이어의 3가지 타입
이 있다. 림이나 스포크의 소재는 알루미늄과 카본이 사용되고 있으며 휠을
알루미늄에서 카본 재질로 바꾸는 것만으로도 주행감이 무척 좋아진다.

▶ 타이어의 종류類

클린처 터이어

타이어와 튜브가 따로따로 되어 있는 일반적인 타입.

튜브리스 타이어

튜브리스 타이어란 이름 그대로 튜브가 필요 없는 타이어
를 말한다. 펑크가 나기 어렵다는 것이 최대의 이점이다.

튜블러 타이어

튜브와 타이어가 일체화된 타입이다. 경량으로 주행감이
좋지만 가격대 성능비가 낮다는 것이 특징이다.

튜블러 타이어는 튜브가 타이어에 꿰매어
넣어져 있다.

휠의 종류

마빅(Mavic)의 시리움 이큅(Ksyrium Equipe): 로드용 700C 클린처 타입의 알루미늄.

ACLASS의 FOLEX 레드: 미니벨로용의 림이므로 타이어 지름이 20인치로 작다. 그 밖에 16인치의 림이 달려 있는 미니벨로도 있다.

캄파뇰로의 보라울트라(BORA ULTRA)2: 튜블러 타입의 카본제 700C 딥 림이다. 딥 림이란 림 높이가 높은 것을 말한다.

캄파뇰로의 샤말울트라(SHAMAL ULTRA) 2 Way Fit: 클린처와 튜브리스 타이어 겸용의 700C 알루미늄이다.

마빅의 크로스맥스(CROSSMAX) SLR 디스크: MTB용 사이즈는 26인치. 튜브리스 타이어 대응의 림이다.

마빅의 크로스라이드(CROSSRIDE) UB/디스크: 클린처 타이어 대응의 25인치 림. 휠은 V브레이크에드 디스크 브레이크에도 대응.

Part 6 타이어·휠

타이어의 종류를 알고
용도에 맞게 고르자

용도에 맞춘 자전거가 있듯이 타이어에도 포장도로용과 산악용 등의 타이어가
있다. 크게 온로드용의 슬릭 타이어와 오프로드용의 블록 타이어로 나눌 수
있다. 타이어 표면의 패턴이나 기능을 알고 주행에 딱 맞는 타이어를 고르자.

▶ 타이어의 종류와 기능

로드 바이크용(슬릭 타이어)

로드용 타이어는 스피드를 내기 위해 상당히 좁고 구름 저
항이 적은 것이 특징이다.

표면의 요철이나 모양이 적은 세미 슬릭이라고 불리는 타
이어이다. 타이어 중앙은 좁은 줄눈으로 되어 있으며 사이
드는 V자로 배수성에 뛰어나다.

로드 지향의 하이브리드용(슬릭 타이어)

하이브리드라도 로드 지향의 사용을 상정하고 있는 차종은
좁은 타이어가 장착되어 있다.

이것은 슬릭 타이어로 타이어의 표면의 요철이나 모양이
전혀 없기 때문에 그립성이 뛰어나다.

MTB 지향의 하이브리드용(세미 슬릭 타이어)

굵은 타이어가 붙어 있는 하이브리드에는 타이어를 설치하기 쉽도록 V브레이크가 채용되고 있다.

타이어의 패턴은 V자가 되어 있어 배수성과 구름 저항이 적은 것이 특징이다.

MTB용(블록 타이어)

브레이크의 제동력이 높고 진흙이 차기 어렵다는 점에서 V브레이크를 채용하고 있다.

이것은 오프로드를 달리기 위한 블록 타이어르 포장되지 않은 지면에 블록이 박힘으로써 그립력을 발휘한다.

사이클로크로스용(블록 타이어)

이것은 사이클로크로스 바이크에 채용되고 있는 캔틸레버 브레이크로 진흙이 차는 것을 방지하는 것과 동시에 굵은 타이어를 장착하는 것에서 아치가 큰 것이 특징이다.

오프로드용 자전거이므로 블록 타이어로 되어 있다.

Part 6 타이어·휠

난이도 ★☆☆　　　작업시간 5분

잘못하면 사고의 원인이 되는
퀵 릴리스 레버

퀵 릴리스 레버는 1900년대 초 레이스 중 추위에 손이 얼어 있어도 쉽게 휠을 교환할 수 있도록 자전거 선수인 툴리오 캄파놀로에 의해 개발된 것이다. 쉽게 휠을 떼어 낼 수 있는 만큼 사용방법을 제대로 파악하지 않으면 사고의 원인이 될 수도 있다.

▶ 퀵 릴리스 레버와 그 취급 방법

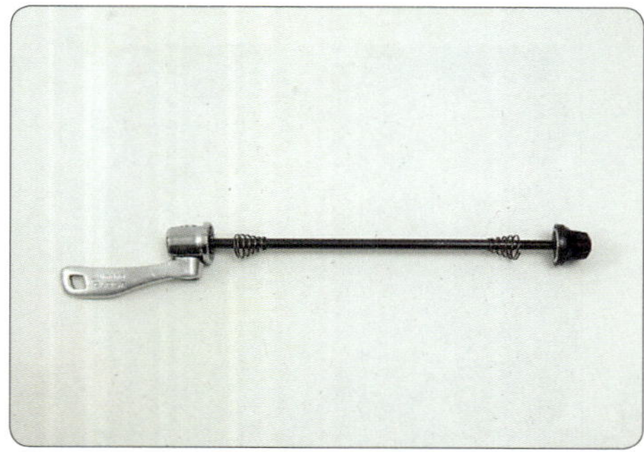

이것이 퀵 릴리스 레버이다. 공구를 사용하지 않고도 쉽게 휠을 고정할 수 있도록 되어 있다.

휠을 프레임이나 포크에 고정하는 것으로 안전상 없어서는 안 될 상당히 중요한 아이템이다.

레버를 푼다.

1 레버를 손바닥으로 젖히면 레버가 세워져 고정이 해제된다.

2 레버를 해제한 것만으로는 휠이 빠지지 않도록 휠의 선단에 마개가 달려 있다. 레버 반대쪽의 나사를 2바퀴정도 돌리면 빠질 정도로 느슨해진다.

레버를 조인다.

1 레버의 조임이 적당해질 때까지 나사를 조이고 손바닥을 사용하여 레버를 눌러서 고정한다. 나중에 풀 수 있도록 조이는 것이 표준이다.

퀵 릴리스 레버가 쉽게 열리면 위험하그로 손가락으로 넘어뜨릴 수 있는 정도는 NG. 좀 더 강하게 조여야 한다.

2 손바닥으로 끝까지 레버를 눌러서 고정한다.

안장의 퀵 릴리스 레버

1 MTB나 하이브리드의 경우 시트 필러를 고정하는 시트 칼라도 퀵 릴리스 식인 것이 있다. 이것은 안장 높이를 쉽게 바꾸기 위한 것이다.

2 조이는 방법에는 기준이 있어서 원칙적으로 클램프의 슬릿이 평행이 되도록 조인다. 만약 조임이 느슨한 경우는 조금씩 나사를 조여 간다.

3 잠그는 방법은 휠과 같다. 손바닥을 사용하여 누르면 확실하게 고정된다.

Part 6 타이어·휠

난이도 ★☆☆　작업시간 10분

꼭 알아둬야 할
휠의 탈착

휠의 탈착은 펑크 수리나 타이어 교환 시 필요하므로 반드시 알아두자. 또한 차에 실어 운반하거나 자전거 전용 가방에 넣어서 전철로 이동할 때도 휠의 탈착은 필요한 작업이다.

▶ 휠을 떼어 낸다.

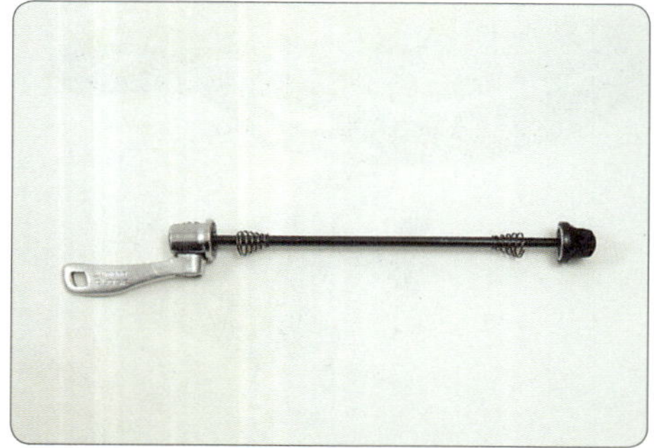

1 퀵 릴리스는 프리 허브 속을 통과하고 있으며 휠을 프레임에 고정하기 위한 것이다.

2 퀵 릴리스 레버의 개폐만으로 느슨해지거나 조여지는 구조로 되어 있다.

기어의 준비

1 뒷바퀴를 떼어 낼 때 리어 기어는 톱 기어로 맞춘다. 가장 바깥쪽 기어에 체일을 물림으로써 체인이 다른 기어에 얽히지 않고 휠을 떼어 낼 수 있다.

2 프런트 기어는 이너로 맞춘다. 이것은 체인을 가능한 한 느슨하게 함으로써 휠의 탈착이 쉬워지기 때문이다.

3 사진과 같이 체인을 이너 체인링×톱 기어로 하는 것은 휠을 떼기 가장 쉬운 기어의 조합이다.

1 이대로 휠을 떼어 내면 브레이크슈에 타이어가 걸려서 휠이 빠지지 않는다.

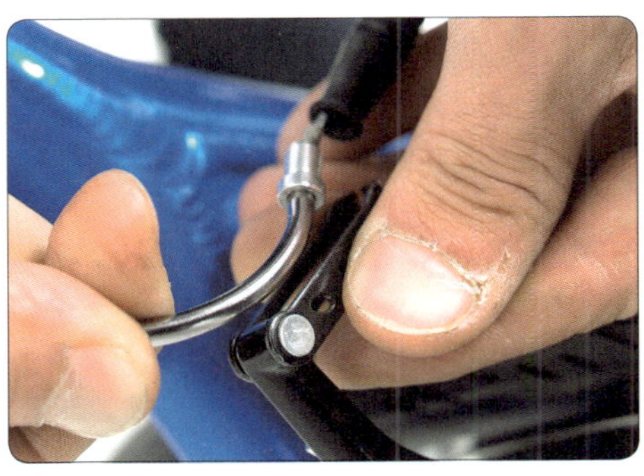

2 브레이크를 개방하고 타이어가 브레이크슈에 걸리지 않도록 하자. 브레이크의 종류별 개방 방법은 p93을 참조하자.

3 V브레이크를 개방한 상태.

퀵 릴리스 레버를 개방

1 퀵 릴리스 레버를 젖혀서 조임을 풀어간다. 이 때 어느 정도의 힘으로 조여져 있었는지를 기억해 둔다.

2 퀵 릴리스 레버를 완전히 젖힌 상태. 휠의 고정이 해제되어 약간 흔들리고 있음을 알 수 있다.

뒷바퀴를 떼어 낸다.

1 퀵 릴리스 레버를 해제한 다음 안장을 들면 자연스럽게 휠이 내려온다.

휠 축 끝의 나사를 가로지르고 있는 부분에 프레임의 드롭아웃이 들어맞도록 되어 있다.

2 만약 체인이 걸려서 떨어지지 않는 경우에는 뒤 디레일러의 풀리 케이지를 위로 가볍게 올리면 휠이 빠진다.

휠을 지탱하는 프레임의 선단의 형태는 로드엔드라고 하여 탈륜을 방지하도록 되어 있다.

앞바퀴를 떼어 낸다.

1 프런트 휠은 퀵 릴리스 레버를 젖히는 것만으로는 휠은 빠지지 않는다. 포크에 탈착방지용 안전클립이 있기 때문에 레버 반대쪽 나사를 돌리지 않으면 휠이 빠지지 않는 구조다.

2 퀵 릴리스 레버는 포크보다 조금 앞으로 오거나 지면과 평행이 되도록 고정시키자. 이것은 집단 주행 시 튀어나온 부품을 적게 하여 위험을 줄이기 위함이다.

🔶 브레이크를 개방한다.

V브레이크의 경우

1 V브레이크는 기본적으로 하이브리드나 MTB 용으로 진흙이 차기 어렵게 하기 위해서 공간이 크다. 하이브리드의 경우는 굵은 타이어를 장착하는데 드는 공간이 크기 때문에 채용하고 있다.

2 V브레이크는 이너 케이블 리드를 V브레이크 에서 떼어내면 개방할 수 있다.

3 이너 케이블 리드를 빼고 브레이크가 개방된 상태.

캘리퍼 브레이크의 경우

1 폭이 좁고 날씬한 타이어를 사용하고 있는 로드 바이크를 중심으로 캘리퍼 브레이크가 채용되고 있다.

2 시마노는 퀵 릴리스를 위로 올리고 캄파놀로는 브레이크 레버 근원에 있는 버튼을 누르면 브레이크를 해제할 수 있다.

3 브레이크를 해제한 상태. 25C정도의 두꺼운 타이어를 달고 있을 때는 특히 이 작업을 하지 않으면 타이어가 브레이크슈에 걸려서 빠지지 않는 경우가 있다.

▶ 휠을 장착한다.

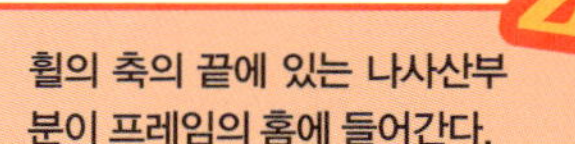

1 체인에 톱 기어를 걸고 휠의 축을 엔드의 홈에 넣는다.

2 후륜을 넣을 때는 체인을 톱 기어에 걸고 내리면 넣기 쉽다. 퀵 릴리스는 뒤 디레일러 쪽에 나사가 오도록 하자.

3 퀵 릴리스 레버 선단의 나사. 레버를 잠글 때는 손가락으로 붙잡자.

손가락으로 조일 수 있을 정도로는 제대로 된 고정을 할 수 없어 주행 중의 진동으로 휠이 빠질 위험성이 있다. 사고의 원인이 되므로 확실하게 고정하자.

4 손바닥을 사용하여 나중에 풀 수 있는 최대한의 세기로 나사를 조정하여 조이는 것이 가장 좋다. 너무 조이면 레버가 너무 빡빡해져서 나중에 풀 수 없으므로 주의가 필요하다.

브레이크를 조인다.

1 브레이크는 반드시 되돌린다. 원래대로 돌려 놓지 않으면 브레이크가 걸리지 않아 위험하기 때문이다. 특히 초보자가 일으키기 쉬운 실수이므로 반드시 확인하자.

2 V브레이크의 경우에는 이너 리드를 이너 리드 유닛에 끼워 넣음으로써 원래대로 되돌릴 수 있다.

3 원래대로 되돌린 상태. 작업완료.

마지막 점검

1 브레이크가 제대로 작동하는지 확인이 필요하다. V브레이크는 케이블의 장력이 달라지는 것만으로도 좌우 균형이 무너지는 경우가 있으므로 눈으로도 확인하자.

2 마지막으로 제대로 작동하는지 브레이크 레버를 당겨서 확인하면 완료된다.

Part 6 타이어·휠

난이도 ★☆☆　　　작업시간 5분

달리기 전에 반드시 점검해야 할
타이어의 공기 주입 법

타이어의 공기압이 떨어지면 펑크의 원인이 된다. 단지 공기를 많이 넣기만 하면 되는 것이 아니라 각각의 타이어에 맞는 권장 공기압에 맞춰야 한다. 또한 체중이나 달리는 속도에 따라 쾌적한 공기압이 달라지므로 자신에게 맞는 공기압을 찾는 것도 중요하다.

필요한 공구

공기 주입기

▶ 공기 주입기의 종류

플로어 펌프

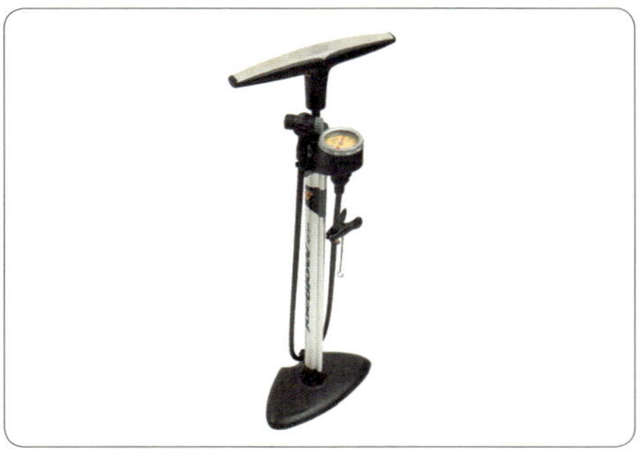

주행 전 공기를 넣을 때 사용하는 플로어 펌프. 공기압 관리가 쉽도록 게이지가 달려 있는 것을 권한다.

휴대용 펌프

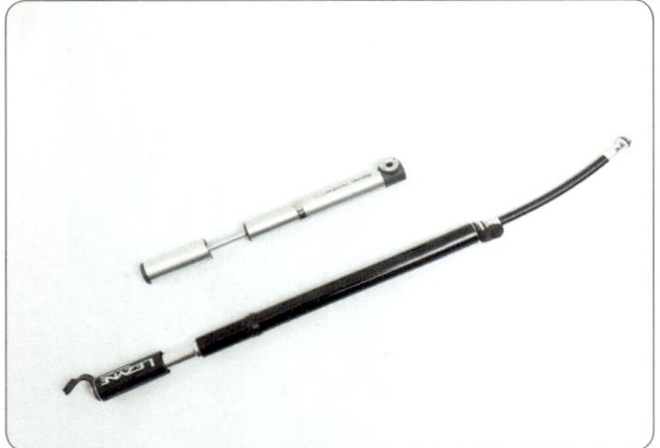

주행 중의 펑크 수리에 사용하는 것이 휴대용 펌프. 넣을 수 있는 공기압에 상한이 있기 때문에 자신의 타이어의 공기압을 고려한 다음 구입하자. 프레임 펌프, 인플레이터라고도 불린다.

▶ 공기를 넣는다.

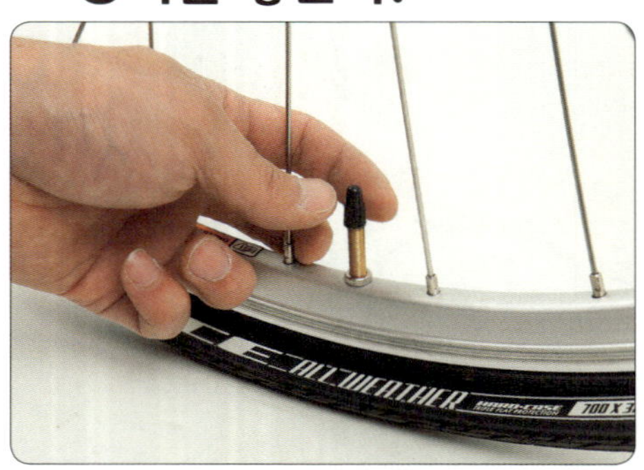

1 타이어의 밸브에 붙어 있는 플라스틱 캡을 벗긴다. 있어도 없어도 괜찮기 때문에 플라스틱 캡을 달지 않는 사람도 있다.

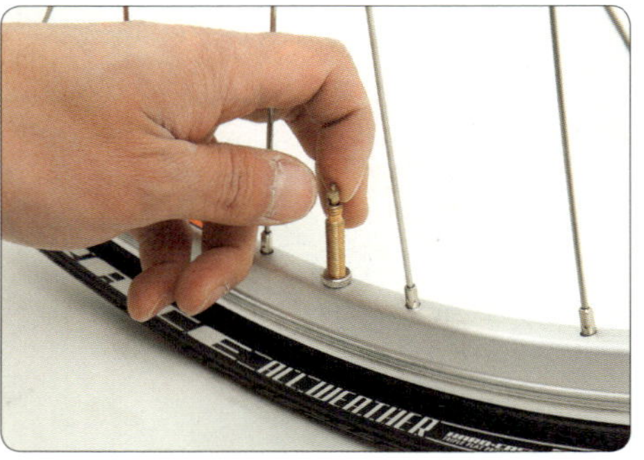

2 밸브 상부에 있는 나사를 느슨하게 한다. 이 나사를 조임으로써 밸브의 공기가 새는 것을 막고 있다.

3 나사를 헐거워지면 밸브 머리를 가볍게 한 번 누른다. 이것은 공기압이나 이전 펌프 시에 발생한 열로 인해 내부에 있는 밸브에 붙어 있는 고무가 압착되었을 가능성이 있기 때문이다.

4 펌프의 흡입구를 밸브에 수직으르 밀어 넣는다.

5 흡입구에 있는 레버를 젖혀서 흡입구를 고정한다. 펌프의 종류에 따라서는 이 레버가 달려 있지 않고 밀어 넣는 것만으로 고정되는 것도 있다.

6 펌핑을 하여 공기 주입을 시작하자. 여기서의 요령은 팔로 펌핑하면 금방 지치므로 무릎을 사용하는 것이다. 허리로 누르는 느낌으로 넣으면 도중에 쉽게 지치지 않는다.

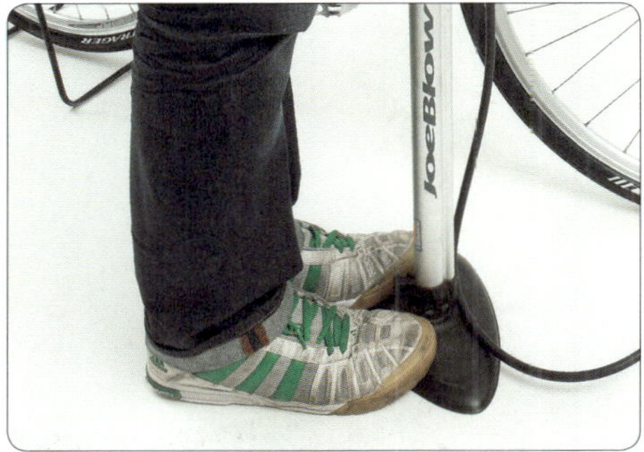

7 플로어 펌프의 아래 부분에는 발판이 달려 있다. 양발로 확실하게 밟아 펌프를 고정한 다음 작업하자.

8 게이지를 확실히 보면서 권장 공기압까지 공기를 넣는다. 만약 취향의 공기압이 있으면 거기까지 넣자.

9 펌프에 달려 있는 게이지에는 psi나 bar 등 기압의 단위가 적혀 있다. 자신이 사용하고 있는 타이어가 어떤 단위를 사용하고 있는지 파악해두는 것도 중요하다.

10 흡입구의 고정 레버를 해제한다. 이 작업을 잊고 흡입구를 잡아당겨 고장을 내는 사람이 많으므로 잊지 말자.

11 흡입구를 수직으로 잡아당겨 뺀다. 사진에서는 흡입구가 잘 보이는 형태로 되어 있지만 실제로는 확실하게 잡고 뺀다. 호스를 잡아당기면 파손의 원인이 되기 때문이다.

12 흡입구를 뺀 상태.

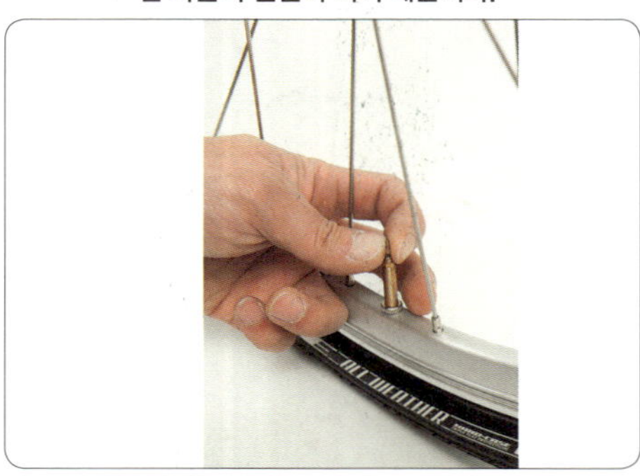

13 밸브 머리의 나사를 잠근다. 이것을 잊어버리면 비교적 큰 충격(보도의 단차)으로 공기가 새버리므로 주의하자.

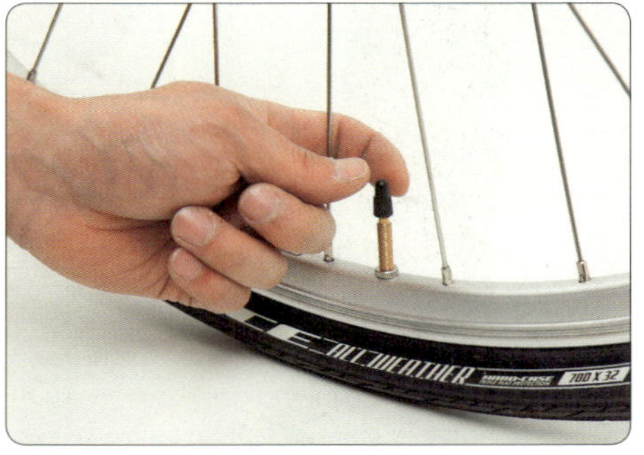

14 플라스틱 캡을 달면 작업종료.

▶ 공기압의 이야기

타이어 표시

권장 공기압이 타이어의 측면에 표시되어 있다. 이것은 그 립력 등 타이어의 성능이나 충격흡수성과 같은 쾌적성에도 크게 관계하는 것이다.

공기압계

가능하면 펌프에는 공기압계(게이지)가 달려 있는 것을 준비하자. 펑크의 위험성을 피하고 자신에게 맞는 충격흡수성을 얻기 위해서도 편리하다.

▶ 밸브의 종류

밸브에 따라서는 프랑스식과 미국식 양쪽을 사용할 수 있는 타입이 있다.

프랑스식 밸브(프레스타 밸브)

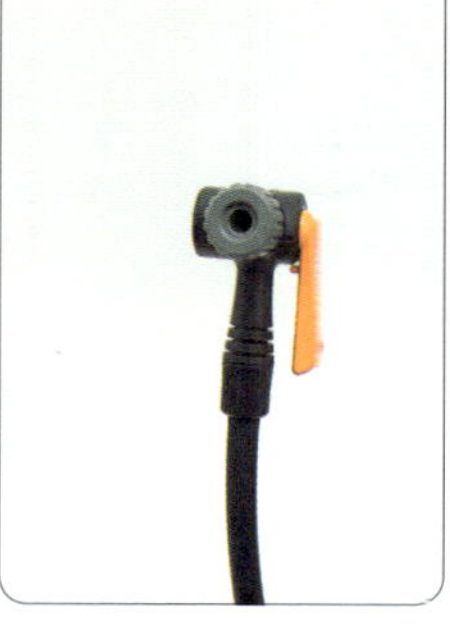

이것은 로드바이크에서 많이 볼 수 있는 '프랑스식 밸브'와 전용 펌프다.

미국식 밸브(슈레더 밸브)

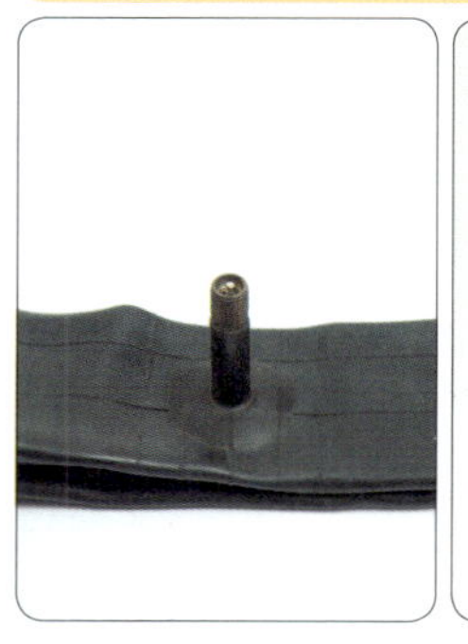
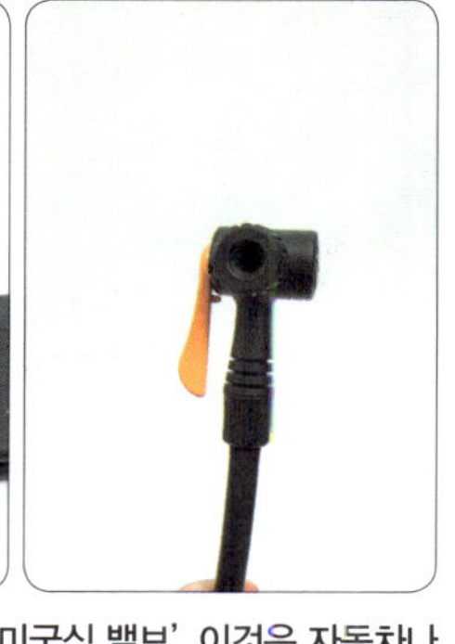

MTB나 하이브리드에 많은 '미국식 밸브'. 이것은 자동차나 오토바이의 타이어와 같은 방식으로 대응하고 있는 펌프는 스포츠 바이크 이외에도 사용할 수 있다.

영국식 밸브(던롭 밸브)

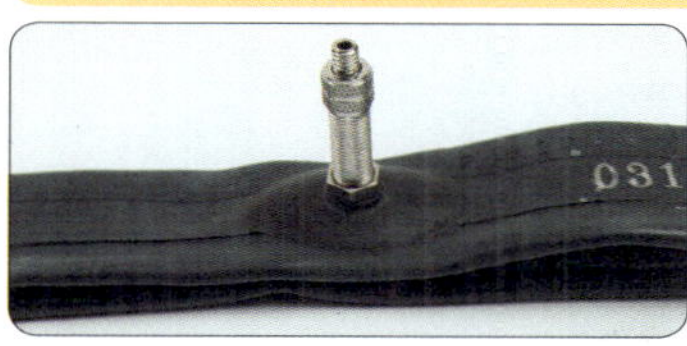

시티 사이클(여성용 자전거)에 많은 타입이 '영국식 밸브'다. 대부분의 펌프는 프랑스식 밸브의 입구에 넣는 어댑터를 사용하여 공기를 넣는다.

Part 6 타이어·휠

난이도 ★★☆　　작업시간 30분

타이어가 마모되면
타이어를 교환하자

타이어는 고무로 되어있어 노면과의 마찰이나 시간의 경과에 따른 노화 등으로 마모되어 간다. 마모된 타이어는 본래의 성능을 발휘하지 못할뿐더러 펑크 등의 트러블의 원인이 될 가능성이 있으므로 평상시 점검이 필요하다.

필요한 공구

타이어 레버　공기 주입기

▶ 낡은 타이어를 떼어 낸다.

준비할 것

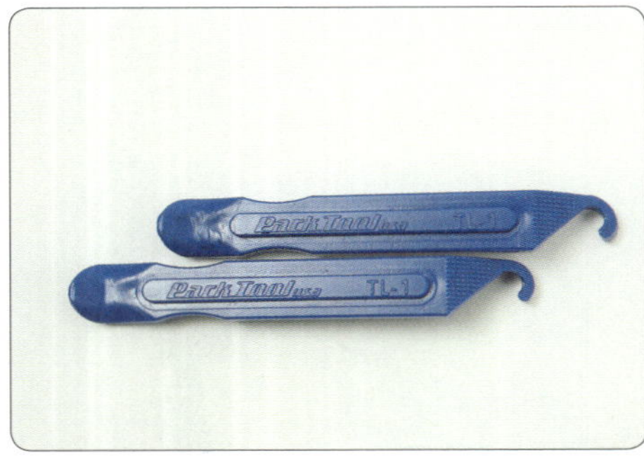

사용할 공구는 타이어 레버.

휠을 떼어 낸다.

먼저 휠을 떼어 낸다. 떼어 내는 방법은 p90의 '휠의 탈착'을 참조하자.

공기를 넣는다.

1 밸브 입구의 나사를 느슨하게 한다.(프랑스식 밸브의 경우) 밸브에는 자동차 타이어와 같은 방식인 미국식 밸브가 있는데 미국식의 경우에는 이 작업이 필요 없다.

2 밸브를 위에서 눌러 공기를 빼낸다.(미국식의 경우는 밸브 중앙에 있는 포인트를 가는 막대기 등으로 누르면 공기를 빼낼 수 있다.)

타이어를 떼어 낸다.

1 공기가 빠지면 밸브 나사를 벗긴다.(미국식에는 이 작업이 필요 없다.)

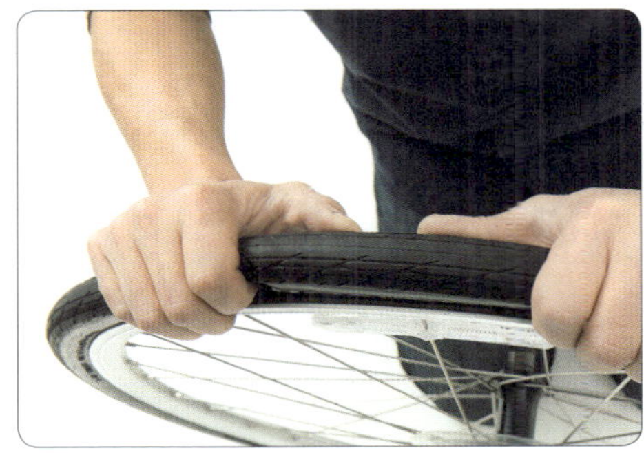

2 림에 타이어가 들러붙어 있는 경우가 였으므로 림에서 타이어를 손으로 벗겨 둔다.

3 림에서 타이어를 떼어내는 작업은 전체에 걸쳐서 한다.

4 타이어 레버를 사용하여 타이어를 림에 고정하고 있는 비드라는 부분을 떼어닛다. 타이어 레버를 타이어의 사이드에서 비스듬히 밀어 넣는다.

5 비드가 걸리면 타이어 레버를 림의 가장자리 부분을 받침점으로 일으켜 세워 비드를 림에서 떼어 낸다. 이때 튜브가 상하지 않도록 주의한다.

6 타이어 레버의 끝 부분에 갈고리ㅡ 있으면 스포크에 건다. 이 갈고리가 없는 경우에는 한 손으로 잡은 채 다음 작업을 한다.

7 다른 한 개의 레버를 타이어에 밀어 넣는다. 확실하게 떼어 낼 수 있도록 15cm정도 떨어진 곳이 좋다.

8 레버를 세우면 비드의 일부가 림의 바깥쪽으로 빠진다. 이 경우에도 튜브가 상하지 않도록 주의한다.

9 몇 군데쯤 같은 작업을 반복하여 림에서 비드를 떼어낸다. 3분의 1정도까지는 이 작업이 필요하다.

10 비드가 3분의 1정도까지 빠지면 다음은 손가락을 미끄러뜨려 가면 쉽게 비드가 빠진다.

11 한쪽의 비드를 전부 떼어낸 상태.

12 타이어에서 튜브를 떼어 낸다. 주행 중의 마찰열로 튜브가 들러붙어 있는 경우는 무리하게 잡아당기면 튜브가 찢어지므로 세심하게 작업한다.

튜브를 꺼낸다.

1 밸브 부근까지 오면 타이어를 벗기고 밸브를 꺼낸다. 이 부분은 압착이 보이지 않는 경우가 많다.

2 타이어에서 튜브를 완전히 떼어 낸 상태.

림에서 타이어를 떼어낸다.

1 다음으로 타이어를 림에서 완전히 떼어내는 작업을 한다. 떼어낸 비드 쪽에서 타이어 레버를 다른 한쪽의 비드에 밀어 넣는다.

2 림을 받침점으로 레버를 사진과 같이 세운다. 이렇게 되면 타이어가 쉽게 빠진다.

3 림에서 타이어를 떼어낸다.

4 타이어를 완전히 떼어낸 상태. 스포크 구멍에 튜브가 걸리지 않도록 림의 안쪽에는 림 테이프가 붙어 있다. 소모, 파손이 있으면 교환해 두자.

▶ 새로운 타이어를 단다.

타이어를 맞출 위치확인

1 타이어 중에는 설치 방향이 정해져 있는 것이 있다. 화살표 방향이 진행방향이다.

2 타이어의 로고 중앙이 밸브 위에 오도록 타이어를 설치하면 보기 좋다.

3 림을 따라 한쪽 비드를 끼워 넣는다. 이때 튜브가 비드와 림 사이에 끼지 않도록 한다.

4 비드를 넣을 때는 되도록 손이나 손가락으로 넣는 것이 이상적이지만 끝 부분이 잘 들어가지 않으면 타이어 레버를 써도 된다.

튜브에 공기를 넣는다.

1 튜브를 손가락 하나로 들었을 때 꺾이지 않을 만큼 공기를 넣는다. 지나치게 많이 넣으면 레버로 튜브를 상하게 하고 너무 적으면 비드가 튜브를 물어버린다.

2 처음에 밸브를 집어넣는다. 타이어를 젖히고 밸브를 림의 밸브 구멍에 넣는다.

튜브를 장착한다.

1 밸브를 넣은 후 타이어를 씌운다. 이때 밸브 나사는 설치하지 않는다. 밸브 나사는 마지막에 설치한다.

2 타이어 속에 튜브를 집어넣는다. 타이어가 들어가지 않은 쪽은 비드에 엄지손가락을 사용하여 끼워 넣는다.

3 다음으로 나머지 비드를 림에 끼운다. 먼저 밸브를 밀어 올려 밸브 근원의 보강을 비드가 물지 않도록 하여 밸브 부분의 비드를 넣는다.

4 비드가 양쪽의 림에 꼭 들어맞으면 림괴 비드의 사이에 튜브가 끼이지 않았는지 반드시 전체를 확인한다.

5 튜브가 사진과 같이 비어져 나오면 펑크가 발생하기 쉽다. 이렇게 되지 않도록 타이어를 젖히고 튜브를 림에 얹어 두자.

6 마지막으로 밸브 나사를 조이면 완료. 공기를 넣으면 비드가 림에 들어맞는다.

Part 6 타이어·휠

난이도 ★☆☆   작업시간 40분

튜브가 파손되면
펑크 수리

주행 중에 발생할 수 있는 트러블 중 가장 많은 것이 펑크다. 외출 시 펑크가 났을 때는 그 자리에서 수리하기 곤란하므로 먼저 스페어 튜브로 교환한 다음 파손된 튜브는 집에 가져와서 수리하자.

필요한 공구

 타이어 레버
 펑크 수리 세트
 공기 주입기

▶ 펑크를 수리한다.

준비할 것

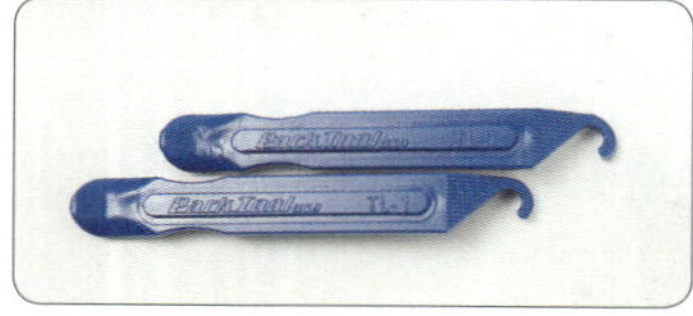

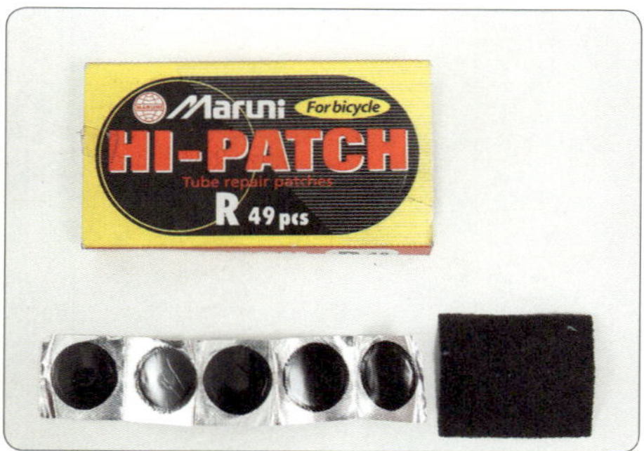

타이어 레버, 물을 채운 양동이, 패치 키트, 고무접착제를 준비한다.

패치 키트에는 보수용 패치와 사포가 들어 있다.

휠을 떼어 낸다.

1 휠을 떼어낸다. 자세한 방법은 p90을 참조하자.

2 타이어에 공기가 조금 남아 있는 경우에는 모두 빼둔다.

타이어를 떼어낸다.

1 림에 타이어가 들러붙어 있는 경우가 있으므로 타이어 전체를 벗겨둔다.

2 두 개의 타이어 레버를 사용하여 비드의 일부를 떼어낸다. 15cm~20cm정도으 간격으로 하자. 간격이 짧으면 비드가 다시 타이어에 들어가 버린다.

3 타이어 레버로 비드를 세우면서 비드 전체를 떼어내 간다.

4 펑크 된 튜브를 떼어낸다. 밸브 부븐은 타이어를 벗기면 꺼낼 수 있다.

펑크 된 부분을 찾는다.

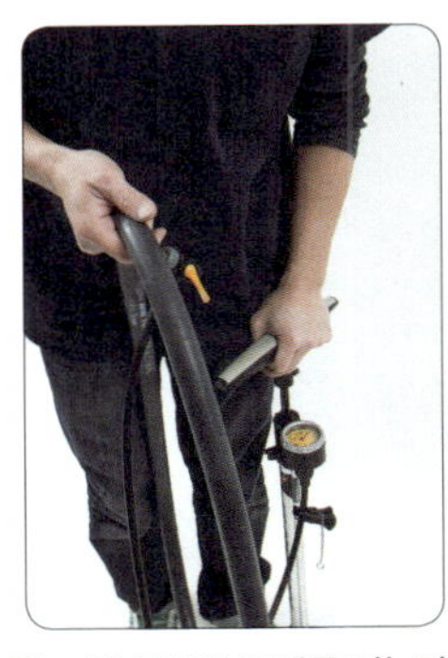

1 펑크 된 튜브에 공기를 넣는다.

2 튜브를 얼굴 가까이 대고 한 바퀴 돌려서 펑크 부분을 찾는다. 볼에 공기를 느끼거나 '쉬익'하는 소리가 들리는 곳을 찾는다.

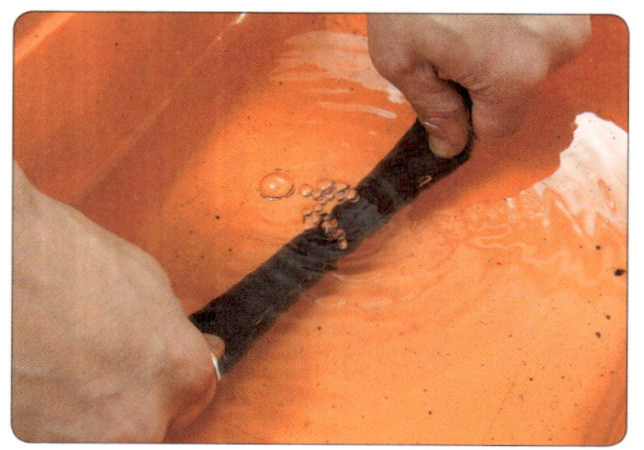

3 물을 넣은 양동이에 담그면 펑크 부분에서 공기가 새는 것을 쉽게 발견할 수 있다.

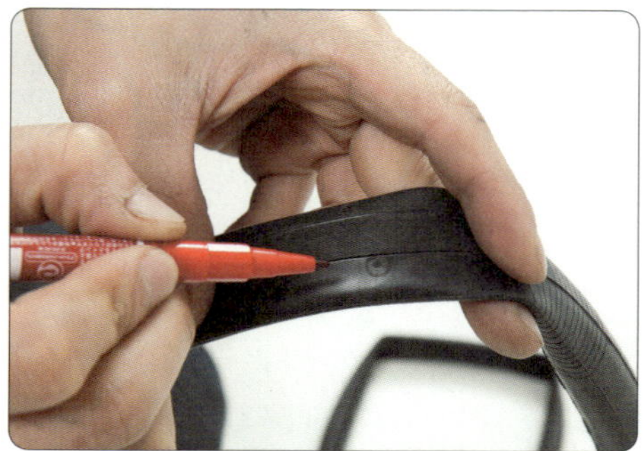

4 젖은 타이어의 수분을 닦고 펑크 된 부분에 사인펜으로 표시를 해둔다.

고무접착제를 바른다.

1 다음으로 고무접착제가 잘 묻도록 튜브 표면을 사포로 문지른다.

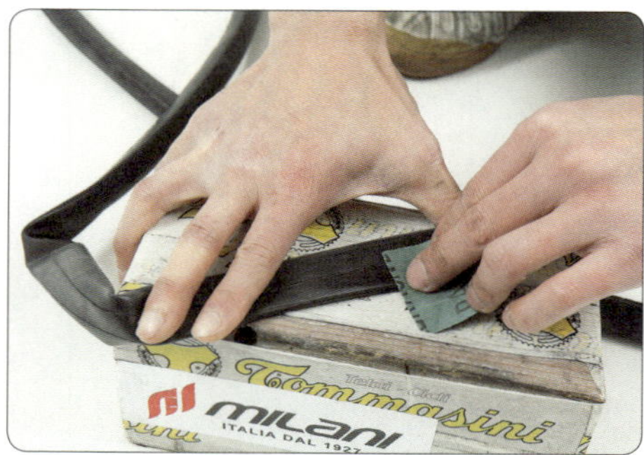

2 사포로 문지를 때는 단단하고 평평한 장소에 튜브를 놓고 작업한다. 튜브에 요철이 있으면 패치를 붙였을 때 홈이 생겨 공기가 새기 쉽다.

3 다음으로 고무접착제를 바른다. 솔은 고무접착제에 딸려 있다.

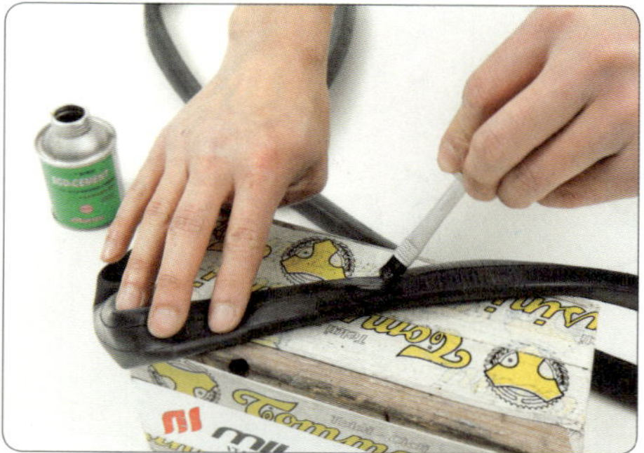

4 고무접착제를 골고루 얇게 펴 바르되 패치보다 약간 넓게 바른다.

5 고무접착제를 말린다. 건조를 덜 시키면 패치가 제대로 붙지 않는다. 손가락으로 만져서 미끈미끈한 감촉이 없어질 때까지 건조시킨다.

1 고무접착제를 바른 자리에 패치를 붙이그 패치의 알루미늄 시트를 벗긴다.

2 이때 펑크 난 곳이 패치의 한가운데 오도록 유의하자.

3 다음으로 패치를 압착한다. 손가락으로 구석구석 패치가 붙었는지 확인하고 공기가 들어가 있으면 눌러서 뺀다.

4 공기가 들어 있지 않은 것을 확인하면 타이어 레버로 강하게 누르면서 문지른다.

5 표면의 플라스틱 시트를 벗기면 튜브 보수가 완료된다.

패치를 붙이는 올바른 방법

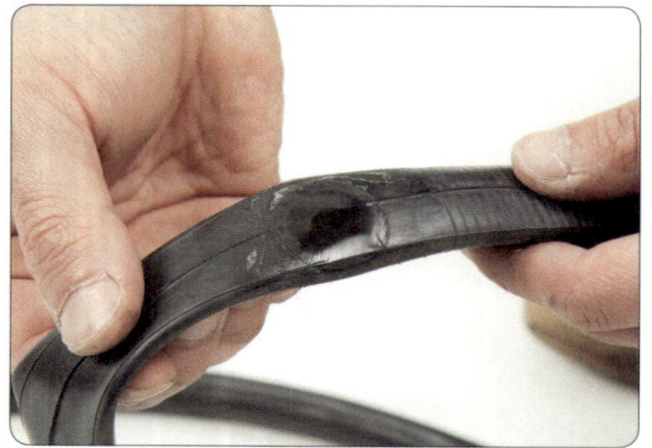

공기가 들어 있지 않고 가장자리도 전체에 걸쳐 확실하게
붙어 있다.

패치를 붙이는 잘못된 방법

공기가 들어 있거나 사포질이 부족했거나 고무접착제의
건조가 부족하면 이처럼 벗겨져 버린다.

휠을 장착한다.

1 | 튜브에 공기를 넣는다.

2 | 손가락으로 들었을 때 구부러지지 않을 정도
로 공기를 넣는다. 지나치게 많이 넣거나 너무
적게 넣으면 타이어에 넣을 때 비드나 타이어
레버에 의해 펑크가 난다.

3 | 처음에 밸브를 림에 끼워 넣는다. 밸브에 고
정 나사가 달려 있는 것은 아직 나사를 달지
않는다.

4 | 다음으로 타이어 안에 튜브를 넣는다.

5 타이어에 튜브가 들어가면 빠져 있지 않은 비드 쪽에서 타이어를 한 번 벗겨서 림 속에 튜브가 들어가 있는 상태로 만든다.

6 빠져 있는 쪽의 비드를 림에 집어넣는다. 비드가 단단해져서 넣기 힘든 경우에는 타이어 레버를 사용한다.

7 공기를 넣고 프레임에 휠을 장착한다. 톱 기어에 체인을 걸고 엔드에 휠을 넣는다.

8 퀵 릴리스 레버를 잠그면 완료.

P O I N T

펑크를 방지하기 위해 늘 공기압을 확인한다.

펑크를 방지하기 위해 타기 전에는 반드시 공기압을 확인하자. 공기압이 너무 낮으면 노면과 림어 타이어가 끼어 '림 펑크'가 발생하기 쉽다. 또 공기를 너무 갚이 넣으면 타이어가 지나치게 반발하여 원래의 성능을 발휘하지 못할뿐더러 충격이 몸에 부담을 준다. 타이어의 지정 공기압에는 폭이 있으므로 그 범위 내에서 최적의 공기압을 찾자. 사진과 같이 손으로 확인하기보다 공기압계가 달린 펌프를 준비하면 좋다.

브레이크

Part 7 브레이크

관리하기 전에 알아둬야 할
브레이크의 종류와 구조

자전거에서 브레이크는 인명에 관련된 중요한 부품이다. 애마를 구입하면
가장 먼저 브레이크의 종류와 구조를 알아두자. V브레이크나 캘리퍼 브레
이크는 정기적으로 브레이크슈를 교환하고 디스크 브레이크는 패드와 로터
의 간격을 조정한다. 정기적인 관리가 중요한 부품이다.

V브레이크(주로 MTB)

MTB용으로 개발된 브레이크로 타이어가 굵은 하이브리
드에도 사용된다. 좌우의 암이 알파벳 V자 형태를 하고
있는 것에서 V브레이크라는 명칭이 되었다.

캘리퍼 브레이크(주로 로드, 크로스, 미니벨로)

주로 로드용에 채용되고 있는 브레이크다. 또한 가는 타
이어의 하이브리드나 미니벨로에서도 사용되고 있다. 슈
로 림을 집어서 브레이크를 거는 구조는 V브레이크와 같다.

기계식 디스크 브레이크
(주로 MTB, 크로스, 미니벨로)

패드로 디스크를 집는 방식의 브레이크의
일종으로 케이블에 의해 움직인다. 사용
하는 케이블이 V브레이크와 같아서 유지,
보수가 쉽고 브레이크를 걸 때도 미세 조
정이 가능하다.

유압식 디스크 브레이크
(주로 MTB)

주로 MTB에서 채용되고 있다. 케이블 대
신 유압으로 브레이크를 움직인다. 기계
식보다 제동력이 높지만 오일 내에 기포
가 생기면 작동하지 않게 되므로 엄격한
메인터넌스가 요구된다.

캔틸레버 브레이크

원러 MTB용으로 개발된 것으
로 현재는 사이클로크로스용에
채용되고 있다. 일본에서는 사
이클로크로스 레이스가 자주
열리지 않아 채용이 적다.

브레이크 케이블을 당기면 좌우의 암이 닫혀 브레이크슈가 림을 집어 브레이크가 걸린다. 스프링 조정 나사를 반시계 방향으로 돌리면 브레이크의 장력이 약해져 브레이크 레버를 당기는 힘이 가벼워진다.

V브레이크보다 브레이크의 성능이 약하다. 센터링 조정 나사는 반시계방향으로 돌리면 슈가 왼쪽으로 움직이고 시계방향으로 돌리면 오른쪽으로 움직여 브레이크를 올바른 위치로 조정한다.

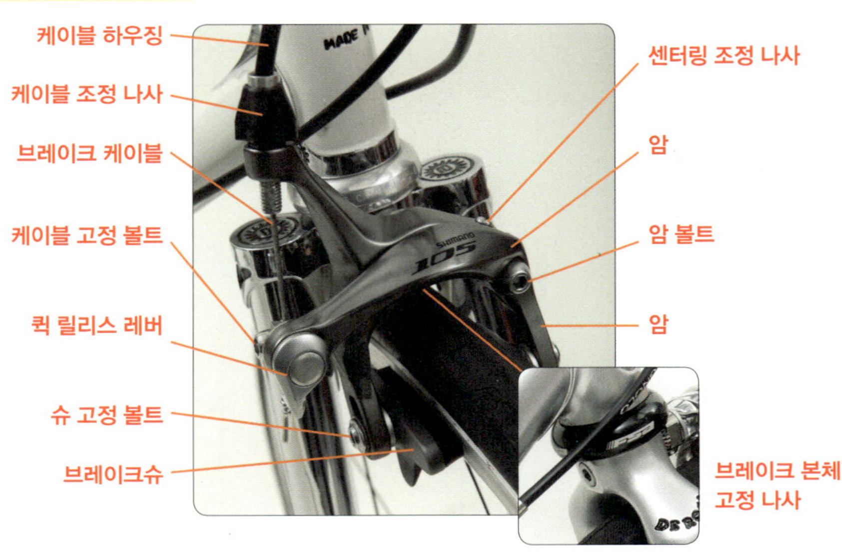

③ 기계식 디스크 브레이크

브레이크 케이블을 당기면 한 쌍의 패드가 로터를 밀어 붙여 브레이크가 걸리는 구조다. 패드와 로터의 간격이 무척 좁아서 정기적으로 간격을 조정할 필요가 있다. 패드의 간격은 조정 다이얼로 조정한다.

④ 유압식 디스크 브레이크

브레이크 레버를 당기면 실린더의 피스톤이 눌려 유압이 걸리고 브러이크 호스를 통과해 캘리퍼 부분에 전달된다. 그러면 캘리퍼 속에 있는 실린더의 피스톤이 눌려 브레이크가 제동한다. 이것도 한 쌍의 패드가 로터를 밀어 붙여 브레이크가 걸리는 시스템이다.

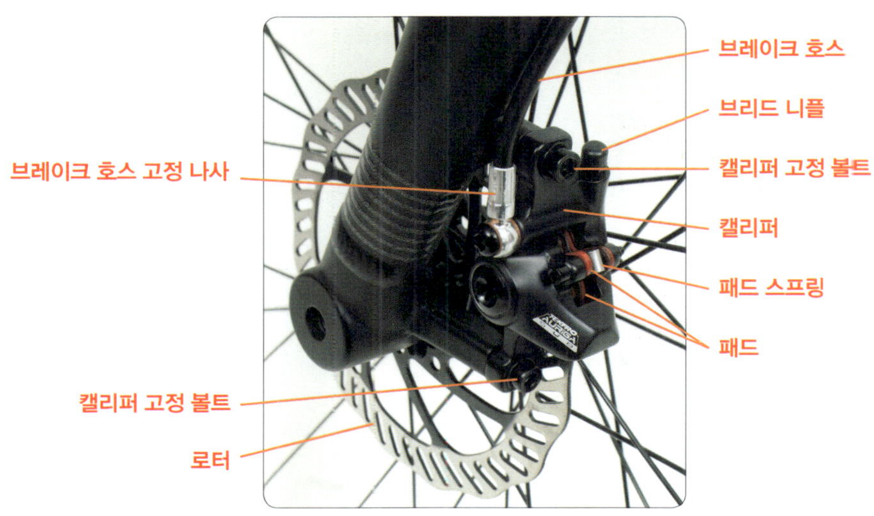

Part 7 브레이크

난이도 ★☆☆ 　 작업시간 10분

세심한 주의가 필요한
V브레이크의 관리와 주유

V브레이크는 진흙이 잘 차지 않고 관리가 쉬운 것이 특색이다. MTB나 하이브리드 등 굵은 타이어를 사용하는 차종에 많이 채용된다. 케이블이 아치의 역할도 하기 때문에 느슨함 체크뿐만 아니라 주유도 중요하다. 이것은 윤활뿐만 아니라 케이블의 녹 등 소모를 막기 위함이기도 하다.

필요한 공구

육각렌치

▶ 브레이크를 손질한다.

각 볼트 조이기

1 주행 중 트러블이 발생하지 않도록 각 볼트를 조여 두는 것이 중요하다. 특히 브레이크에 관한 작업을 한 다음에는 더욱 주의하자.

2 브레이크슈를 제대로 조이지 않으면 림과의 마찰로 인해 브레이크슈가 닳아버리는 경우가 있다.

3 브레이크 본체의 조이기는 세심한 주의를 기울여서 한다. 소홀히 하면 브레이크슈가 림을 제대로 집지 못해 브레이크의 성능이 발휘되지 않는다.

4 케이블 고정 볼트를 조일 때는 케이블이 찌그러지면 제대로 고정되지 않으므로 케이블을 찌그러뜨리지 않도록 주의하자.

브레이크 주유

1 기름을 넣으면 부품이 제대로 동작하고 녹을 방지하며 접촉부의 마모를 방지하는 등 얻을 수 있는 이점이 많다.

2 브레이크의 피봇 부분에 주유하면 브레이크가 가볍게 움직여 적은 힘으로도 제동력을 얻을 수 있으므로 중요하다.

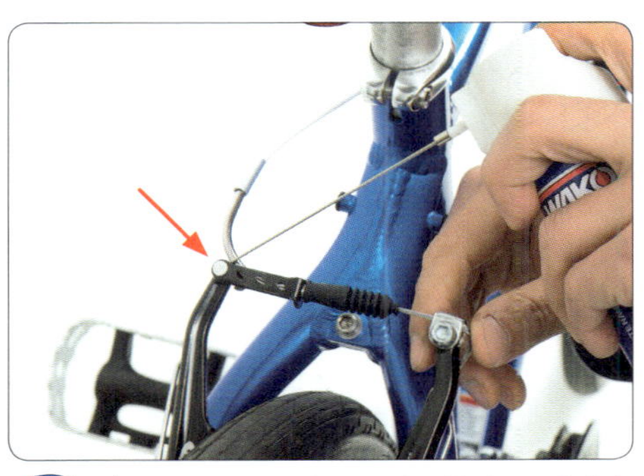

3 이너 리드가 붙은 부분의 근원에도 주유하자. 잊어버리기 쉬운데 브레이크의 정확한 동작에 빼놓을 수 없는 중요한 부분이다.

4 주유할 때 침투하지 않고 표면에 남은 여분의 기름은 닦아 낼 것. 흙먼지를 흡착하여 동작에 악영향이 주는 경우가 있다.

케이블 주유

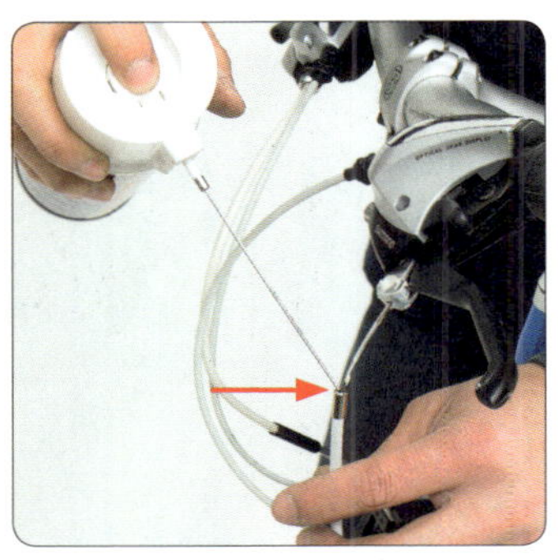

1 케이블 하우징 내부의 주유도 중요하다. 케이블의 장력이 매끄러워져 확실하게 제동력을 얻을 수 있는데다 브레이크 레버가 가벼워져 손이 금방 지치지 않는다.

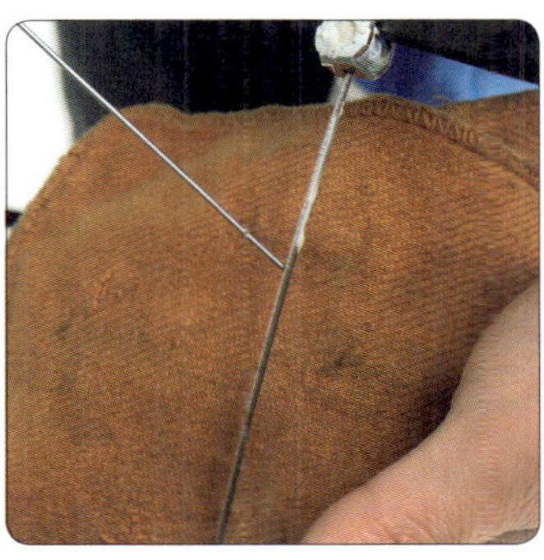

2 케이블 하우징뿐만 아니라 이너 케이블 표면에도 기름을 뿌리면 한 층 더 효과를 얻을 수 있다.

Part 7 브레이크

난이도　★☆☆　　작업시간 10분

게을리하면 안 되는
캘리퍼 브레이크의 메인터넌스와 주유

캘리퍼 브레이크는 로드 바이크용 브레이크로 V브레이크와는 브레이크 암 부분의 구조가 다르다. 피봇 부분의 주유를 잊지 말아야 한다. 그리고 브레이크 본체의 고정 볼트가 프레임의 안쪽에 있으므로 그 부분을 조이는 것도 잊지 말자.

필요한 공구

육각렌치

▶ 캘리퍼 브레이크를 손질한다.

각 볼트 조이기

1 캘리퍼 브레이크에서도 볼트 조이기는 중요한 작업이다.

2 브레이크의 고정 볼트는 프레임을 사이에 두고 브레이크 안쪽에 있다. 양쪽 브레이크슈를 림을 집듯이 손으로 붙잡고 조인다.

3 브레이크슈를 올바른 위치로 고정하면서 브레이크 고정 볼트도 확실하게 조인다.

4 케이블 고정 볼트는 퀵 릴리스 레버의 안쪽에 있다. 볼트가 느슨해지지 않도록 확실하게 고정하자.

브레이크 주유

1 관리용 오일. 브레이크에 주유하여 브레이크의 효율을 높인다.

2 브레이크 암이 원활하게 움직이드록 피봇에 주유한다. 움직임이 나쁘면 암이 조여진 채로 타이어 끌림을 일으킨다.

3 중앙의 피봇에도 주유를 잊지 말자.

4 퀵 릴리스 레버의 주유는 브레이크의 개방을 원활하게 하기 위함이다.

POINT

브레이크 케이블은 핸들 부분에서는 바테이프의 안쪽에 들어가 있다. 바테이프를 교환할 때 이너 케이블과 케이블 하우징에의 주유를 잊지 말자.

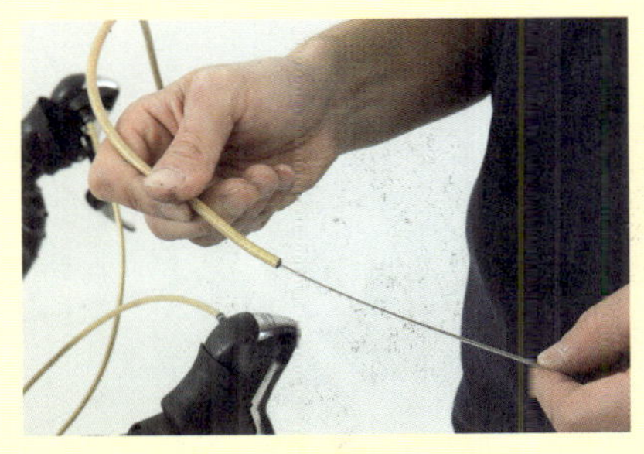

바테이프에 감춰진 부분은 핸들의 호를 따라 뻗어 케이블이 들어가 있기 때문에 케이블 하우징과 이너 케이블의 접촉마찰이 큰 부분이다. 주유를 함으로써 브레이크 장력이 결정된다.

Part 7 브레이크

난이도 ★☆☆　　작업시간 10분

평상시 직접 하는 것이 중요한
디스크 브레이크의 메인터넌스와 점검

디스크 브레이크의 브레이크 본체의 흔들림 조정은 일상적으로 할 수 있다. 하지만 만약 브레이크 본체나 레버에서 오일이 새고 있다면 MTB 전문점이나 제조회사에 상담하자. 또한 디스크 브레이크의 주유에 관해서도 전문점이나 제조회사에 상담하는 것이 바람직하다.

필요한 공구

육각렌치

▶ 기계식 · 유압식 디스크 브레이크의 조정調整

브레이크의 구조

사진은 유압식 브레이크다. 브레이크 본체의 구조는 기계식 브레이크와 같다.

유압식은 레버를 당기면 실린더의 피스톤이 유압으로 눌려 패드가 움직이는 구조다. 이것이 유압식과 기계식 브레이크의 차이점이다.

브레이크 본체 조이기

1 브레이크의 본제를 고정하고 있는 볼트를 조인다. 브레이크가 흔들리면 로터에 패드가 닿아 끌림을 일으키는 원인이 된다.

2 아래에 있는 브레이크 본체의 고정 볼트를 조이자.

1 이것은 유압식 디스크 브레이크의 듀얼 컨트롤 레버다.

2 브레이크 호스의 근원에서 오일이 새지 않는지 확인한다. 케이블 대신에 들어 옜는 오일이 새면 브레이크가 작동하지 않게 된다.

3 이 부분에 실린더가 들어 있어 레버를 당기면 유압이 올라가 피스톤이 움직인다.

4 실린더 부분에서 오일이 새지 않는지 확인한다.

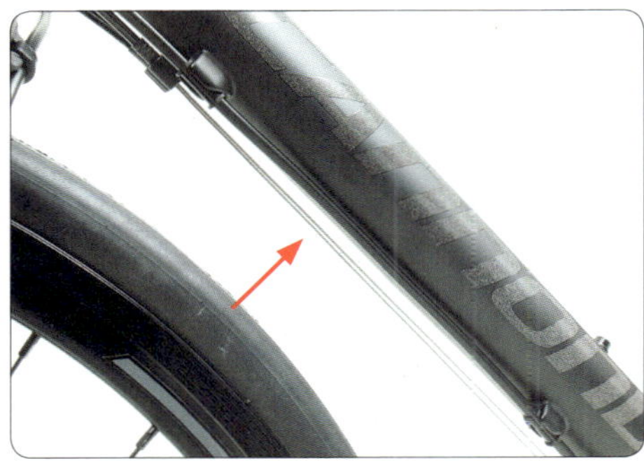

5 다운 튜브를 따라 브레이크 호스가 뻗어 있다. 이 호스가 파손되면 오일이 샐 위험이 있으므로 손상되지 않았는지 확인한다.

6 브레이크 호스를 고정하고 있는 볼트를 조인다.

Part 7 브레이크

난이도　★★☆　　작업시간 30분

패드 간격 조정으로
디스크 브레이크의 끌림을 방지한다

디스크 브레이크는 양쪽 패드로 로터를 집어 브레이크가 걸린다. 로터를 집는
패드와 패드의 간격은 1~2mm 정도이므로 정기적인 간격 조정이 필요하다.

필요한 공구

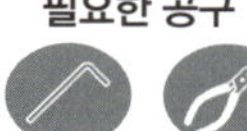

육각렌치　　펜치

▶ 디스크 브레이크의 종류와 패드의 간격

유압식과 기계식의 차이

유압식 디스크 브레이크

실버 링의 로터. 이 로터가 패드에 집혀 브레이크가 걸
린다.

기계식 디스크 브레이크

기계식 디스크 브레이크도 패드의 기능은 유압식과 같다.
사진의 빨간 다이얼은 패드의 간격을 조정하는 것으로 유
압식에는 없다.

패드의 간격

올바른 로터의 위치

브레이크 패드의 틈새와 틈새의 한가운데 로터가 와있다.

잘못된 로터의 위치

로터가 패드에 붙어 있는 상태. 이러면 패드에 닿아 끌림이
발생한다. 로터가 휘어졌을 가능성도 있다.

패드의 간격 조정

유압식 디스크 브레이크의 경우

1 유압식 디스크 브레이크에는 패드의 간격을 조정하는 기능이 달려 있지 않다. 브레이크 본체를 미세하게 움직여 패드에 닿지 않도록 조정한다.

2 브레이크 본체가 살짝 움직일 수 있도록 고정하고 있는 볼트를 느슨하게 한다. 오른쪽 옆의 볼트도 느슨하게 하자.

3 본체를 양손으로 잡고 전후좌우로 미세하게 움직여 패드의 간격을 조정한다.

4 패드 조정의 포인트는 브레이크 본체의 뒤에서 정면으로 보고 하는 것이다.

기계식 디스크 브레이크의 경우

1 브레이크 케이블 조정 볼트를 육각렌치로 느슨하게 하여 작업하기 쉬운 상태로 만든다.

2 브레이크 본체에 달려 있는 빨간 다이얼을 돌려 간격을 조정한다. 조정 다이얼을 반시계방향으로 돌리면 간격이 넓어진다.

Part 7 브레이크

난이도 ★☆☆　　작업시간 10분

브레이크 레버의 유격이 커지면
브레이크 케이블을 조정하자

브레이크 레버의 유격은 사용하면서 점점 커진다. 슈가 닳거나 케이블이 늘어남으로써 유격이 생기는 것이다. 케이블이 원인인 경우는 다시 당길 필요가 있다.

필요한 공구

육각렌치

▶ 케이블 조정 볼트

V브레이크의 경우

V브레이크의 케이블 장력 조정은 브레이크 레버에 붙어 있는 다이얼로 한다.

캘리퍼 브레이크의 경우

캘리퍼 브레이크의 케이블 조정은 브레이크 본체의 상부에 붙어 있는 어저스터를 돌린다.

V브레이크의 케이블 조정

1 브레이크의 장력 조정은 브레이크 케이블 조정 볼트를 돌려 브레이크 레버 상태를 확인하면서 행한다.

2 조정이 끝나면 나사를 조인다. 나사와 볼트에 홈이 들어가 있는데 케이블이 빠지지 않도록 홈의 위치를 서로 다르게 해두자.

캘리퍼 브레이크의 케이블 조정

1 캘리퍼 브레이크의 간격은 실제로 레버를 당겨서 확인하자.

2 브레이크 본체의 상부에 달려 있는 어저스터를 돌려 브레이크 케이블을 조정한다.

▶ 어저스터를 사용하지 않는 조정

1 V브레이크에서 다이얼의 범위 내에서 조정할 수 없는 경우에는 케이블을 줄여서 다시 고정한다.

1' 캘리퍼 브레이크의 케이블 조정도 다이얼의 범위 내를 넘어서는 경우에는 케이블을 줄여서 고정한다. V브레이크보다 비교적 쉽게 조정할 수 있다.

2 브레이크 레버를 쥐면서 브레이크와 림의 간격을 확인한다.

3 케이블 고정 볼트 쪽의 암을 손가락으로 붙잡으면서 볼트를 풀거나 조임으로써 간격을 조정하면서 케이블 고정도 쉽게 할 수 있다.

Part 7 브레이크

난이도 ★☆☆　　작업시간 10분

손바닥 사이즈에 맞춰
브레이크 리치를 조정하자

완성차로 팔리고 있는 자전거는 남성의 평균적인 손 사이즈에 맞춰 브레이크 레버의 폭이 조정 되어 있다. 손이 작은 사람이나 큰 사람은 리치의 거리를 조정하자.

필요한 공구

 육각렌치

 드라이버

▶ 플랫 핸들의 경우

1 브레이크 리치란 브레이크 레버에서 핸들까지의 거리를 말한다. 손의 크기나 바를 잡는 위치에 따라 브레이크 레버의 폭이 달라진다.

2 사진과 같이 손가락 끝으로 레버를 조작해서는 힘이 들어가지 않는다. 쥐었을 때 무리 없이 가장 힘이 들어가는 폭으로 조정하자.

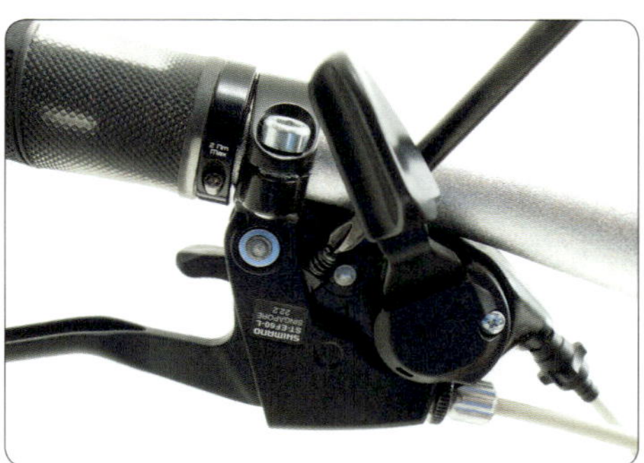

3 리치 조정 볼트는 레버의 뒤쪽에 있는 나사로 조정한다.

4 핸들의 위에서 보면 이와 같은 위치 관계가 된다.

POINT

리치가 가장 큰 상태. 핸들과 브레이크 레버의 간격이 넓다. 손이 큰 사람용이다.

리치가 가장 작은 상태. 핸들과 브레이크 레버의 간격이 좁다. 손이 작은 사람용이다.

▶ 드롭 핸들의 경우

1 드롭 핸들의 브레이크 리치 조정은 컴포넌트 (p24)에 따라 방법이 다르다. 여기서는 간단한 조정 방법만 소개한다.

2 이것은 시마노 105의 듀얼 컨트롤 레버다. 일본인용으로 만들어졌기 때문에 브레이크 리치의 거리는 비교적 작게 되어 있다.

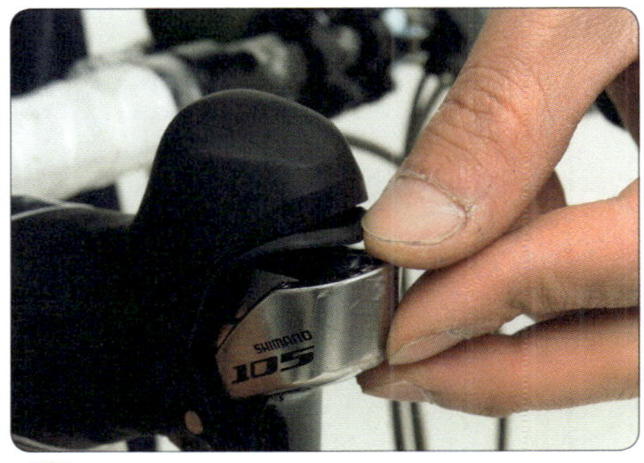

3 브레이크 레버의 근원 부분을 열고 전용 스페이서를 끼워서 리치의 조정을 할 수 있다. 스페이서 패드의 두께에 따라 거리가 달라진다.(※종류에 따라 되지 않는 것도 있다.)

POINT

드롭 핸드에 익숙하지 않은 사람은 보조 브레이크를 구입할 것을 권한다. 핸들으 윗부분(플랫 부분)을 잡고 있을 때도 브레이크를 걸 수 있으므로 안심이다.

Part 7 브레이크

난이도 ★★☆　　　작업시간 30분

케이블이 소모되었다면
브레이크 케이블 교환

브레이크 케이블이 노화되면 급브레이크를 걸었을 때 끊어져 버릴 가능성이 있다. 브레이크 케이블이 끊어지기 전에 정기적으로 확인하여 노화된 케이블을 교환하도록 하자.

필요한 공구

케이블 커터

육각렌치　　송곳

브레이크 케이블의 교환 준비

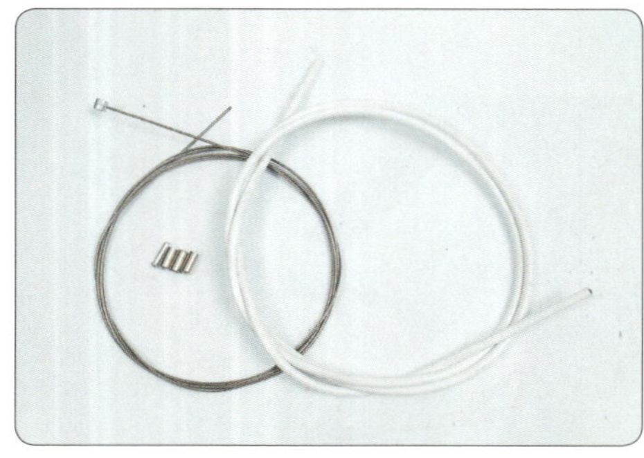

교환용 브레이크 케이블, 케이블의 선단을 막을 캡, 하우징을 준비한다. 하우징이 노화되지 않았으면 교체할 필요는 없다.

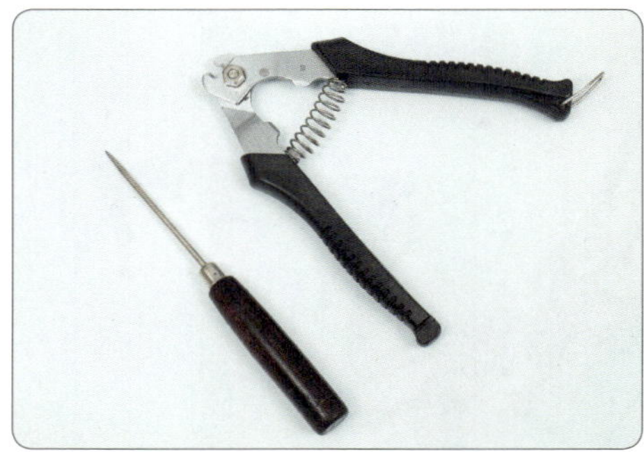

사진의 위쪽은 케이블 커터, 아래는 송곳이다.

▶ 플랫 핸들의 브레이크 케이블 교환

케이블을 절단한다.

1　브레이크 케이블을 고정하고 있는 볼트를 느슨하게 하여 케이블을 자를 준비를 한다.

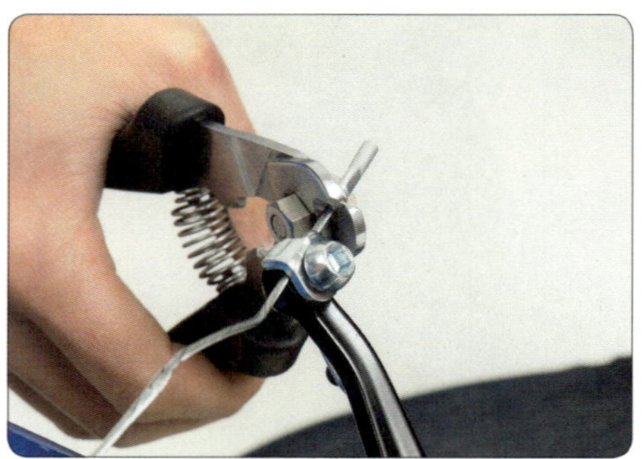

2　케이블 커터로 케이블을 절단한다.

낡아버린 케이블을 떼어 낸다.

1 이너 리드에서 케이블을 떼어 내고 아코디언 실, 이너 리드의 순서로 떼어내 간다.

2 그리고 리어 측의 브레이크는 후방의 케이블 스톱에서 케이블 하우징을 빼낸다.

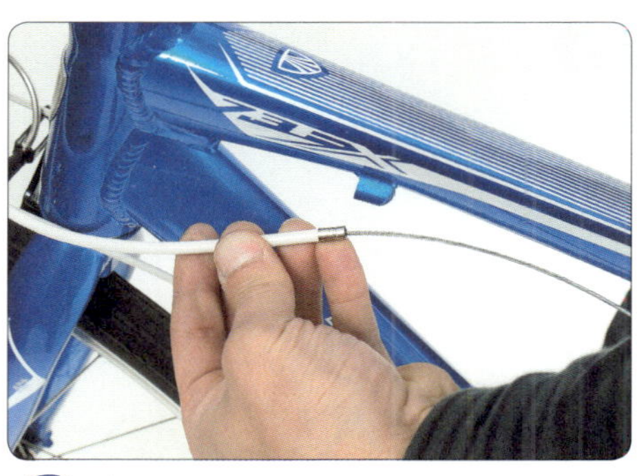

3 브레이크 레버 측의 케이블 스톱에서 케이블 하우징을 빼낸다.

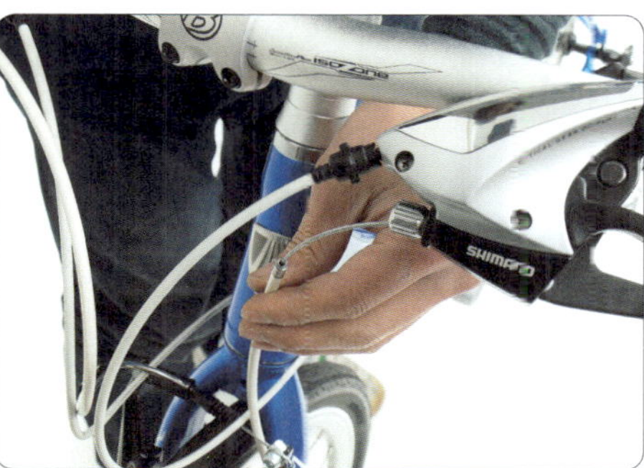

4 마지막으로 하우징을 케이블에서 분리한다.

5 브레이크 레버의 뒤쪽 홈에 조정 나사의 홈이 일직선이 되도록 맞춘다.

6 케이블을 그대로 끄집어내 브레이크 레버를 쥐고 케이블의 끝부분을 고정하고 있는 케이블 머리를 빼낸다.

하우징 길이를 정한다.

1 브레이크 레버에서 케이블 스톱까지의 하우징 길이를 정한다. 핸들을 회전하는 것을 고려하여 여유를 둔 적절한 길이로 한다.

2 케이블 커터로 하우징을 절단한다. 포인트는 접속하는 것을 생각하여 절단면을 깨끗하게 자르는 것이다.

ZOOM!

하우징 속의 케이블의 절단면은 깔끔하지만 튜브 부분이 지저분하므로 NG.

이 단면은 안의 케이블 부분이 찌그러져 있으므로 NG.

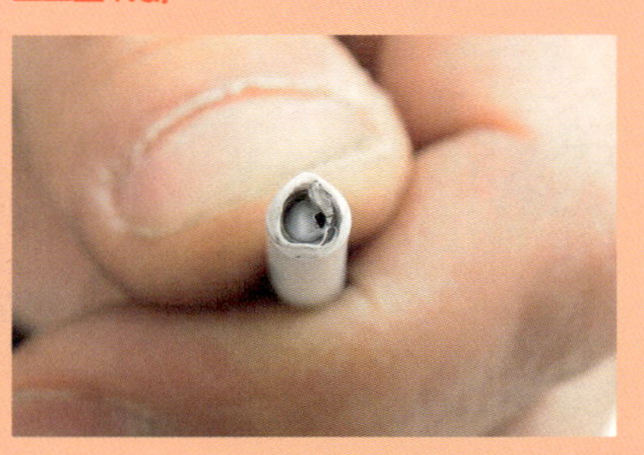

3 절단면이 지저분할 경우에는 절단면을 가다듬거나 다시 한 번 절단한다.

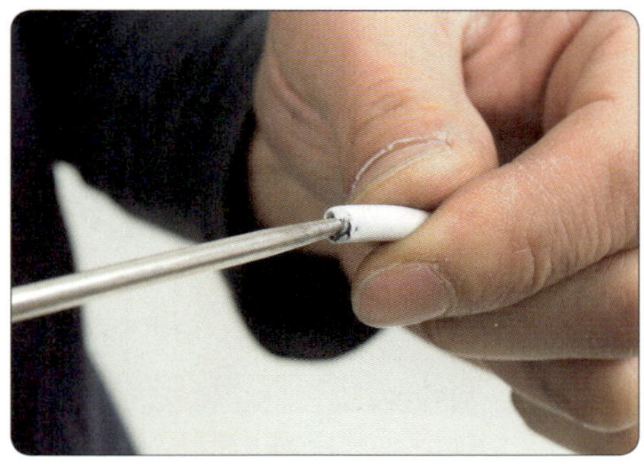

4 송곳을 하우징을 정리하면 케이블 부분이 둥글게 되어 케이블의 통행이 좋아진다.

5 송곳으로 하우징의 단면의 형태가 원형이 되었다.

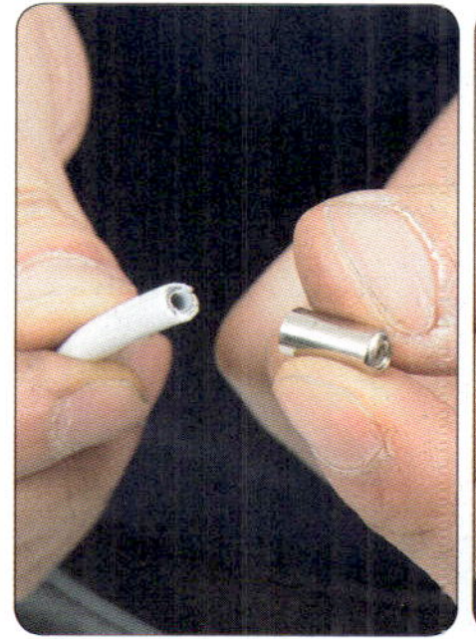

6 케이블 하우징에 캡을 씌운다. 금방 빠질 것 같으면 캡을 살짝 찌그러뜨려 빠지지 않도록 한다.

7 캡 부분은 케이블 스톱에 알맞게 들어가도록 되어 있다.

8 다음으로 리어의 케이블 스톱에서 이너 리드까지의 하우징 길이를 정한다.

케이블을 통과시킨다.

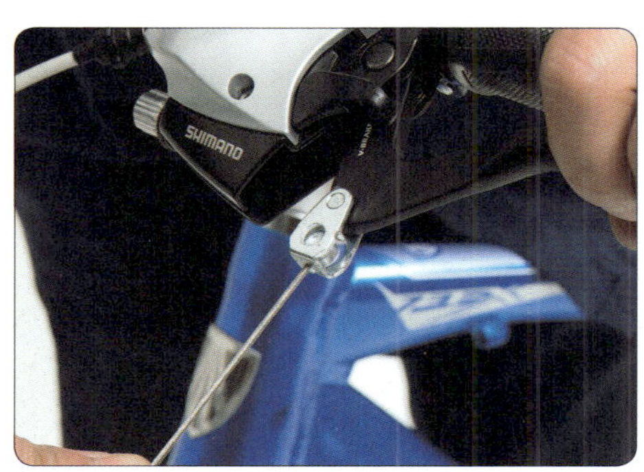

1 브레이크 레버의 근원에 케이블 머리를 설치한다.

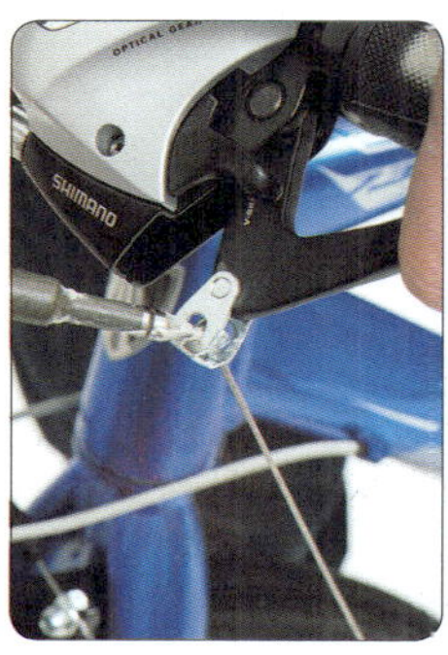

2 케이블 보호하기 위해 그리스를 듬뿍 바른다. 빈틈없이 메우던 케이블 머리의 긋남을 경감시킬 수 있다.

케이블 주유

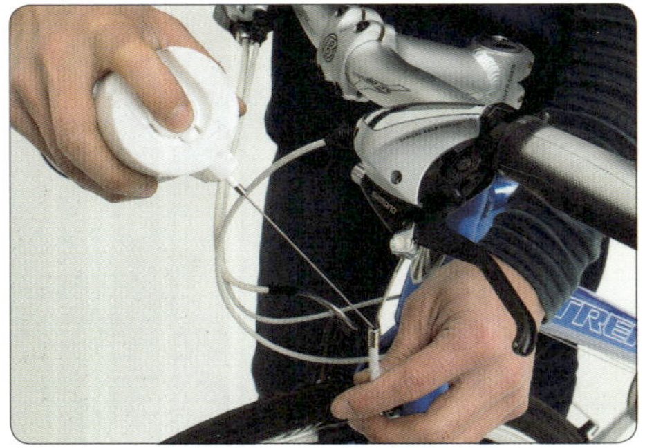

1 하우징 내에 녹이 생기지 않도록 오일을 머금게 한다.

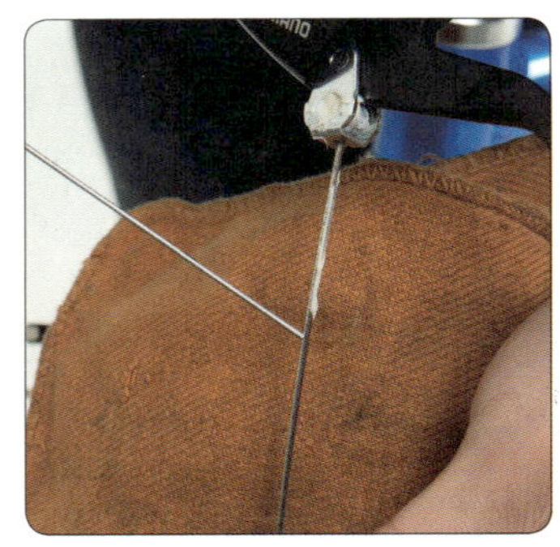

2 그리고 케이블에도 주유한다. 헝겊을 준비하면 오일을 흘리지 않고 작업할 수 있다.

케이블을 설치한다.

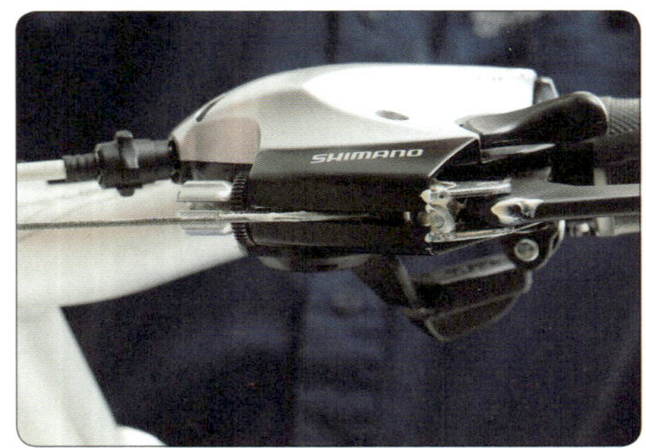

1 케이블 레버의 안으로 케이블을 되돌린다.

2 케이블을 되돌렸으면 케이블 조정 나사를 조인다. 꽉 조인 다음 살짝 느슨하게 하는 것이 포인트다.

3 다음은 프런트 측의 하우징에 케이블을 통과시킨다.

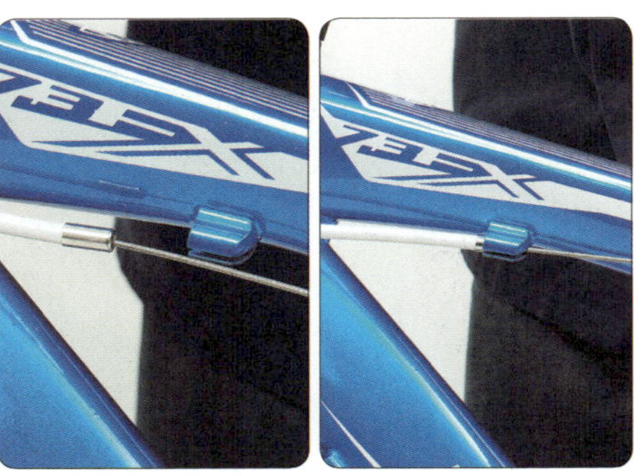

4 케이블을 하우징에 통과시켰으면 반드시 케이블 스톱으로 케이블 하우징을 끼운다.

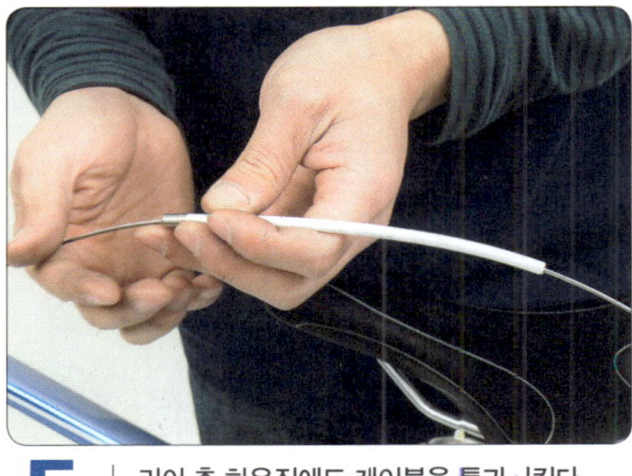

5 | 리어 측 하우징에도 케이블을 통과시킨다.

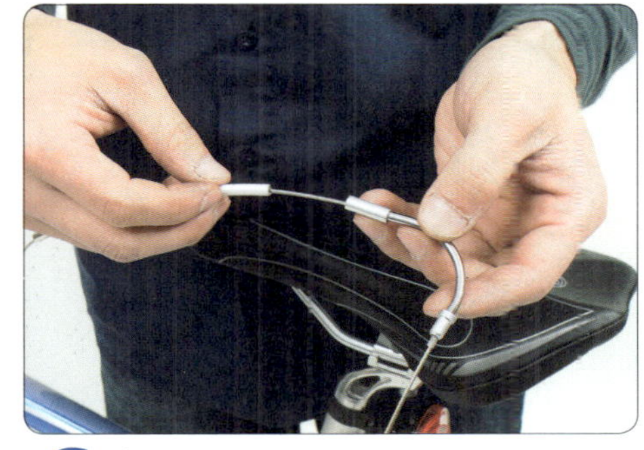

6 | 이너 리드를 통과시킨다.

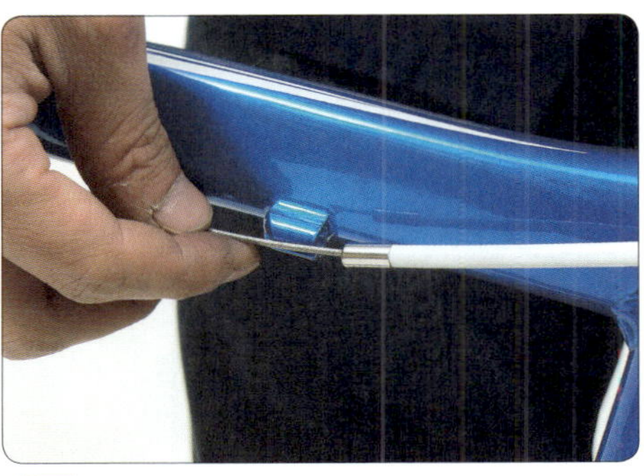

7 | 리어 측의 케이블 스톱에 케이블 하우징을 설치한다.

8 | 이너 리드에 반대쪽 하우징 끝을 기워 넣으면 사진과 같이 된다.

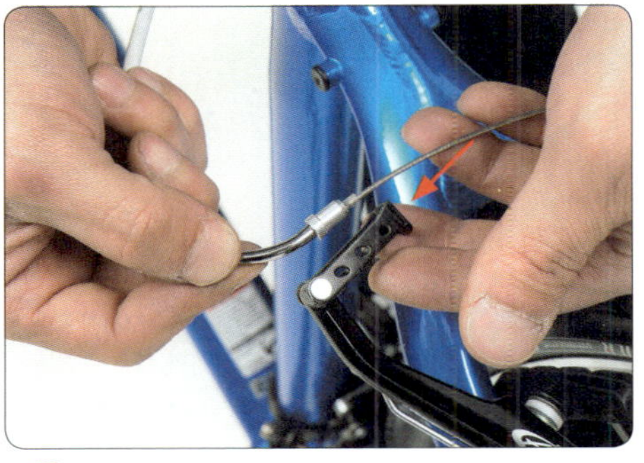

9 | 이너 리드의 방향에 주의하면서 이너 리드 유닛에 끼워 넣는다.

10 | 아코디언 실을 통과시키는 것도 잊지 말자.

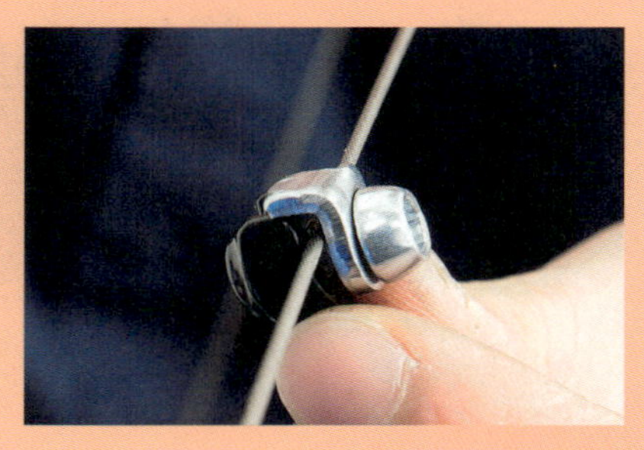

케이블 고정 볼트에 끼워 넣을 때는 꽉 조여지도록 통과하는 장소에 주의하자.

11 케이블을 잡아당기면서 고정 볼트에 끼워 넣고 육각렌치로 조인다.

브레이크 레버를 쥐고 케이블이 팽팽해진 상태로 만든다. 케이블이 초기 늘어난 만큼만 케이블을 다시 조인다.

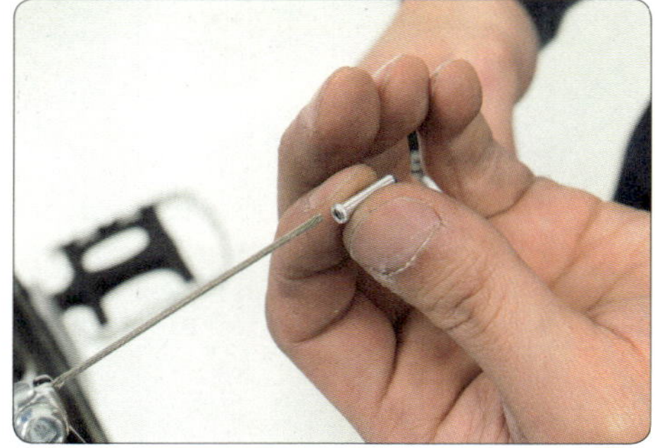

12 케이블의 장력을 조정한 다음 케이블을 절단하고 선단의 다발이 흐트러지지 않도록 캡을 씌운다.

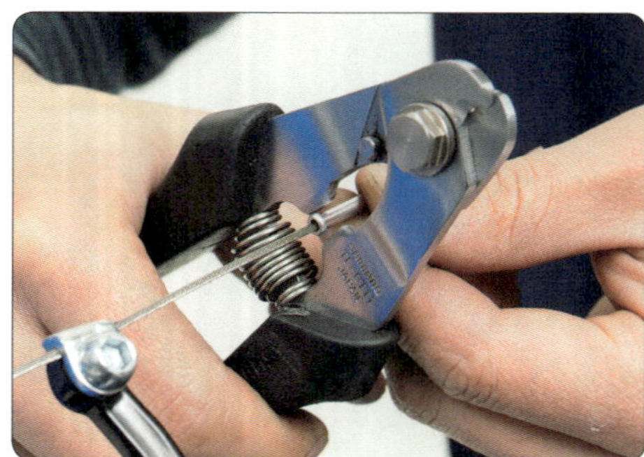

13 캡을 씌웠으면 케이블 커터 안쪽의 니퍼 부분을 사용해 캡이 빠지지 않도록 찌그러뜨린다.

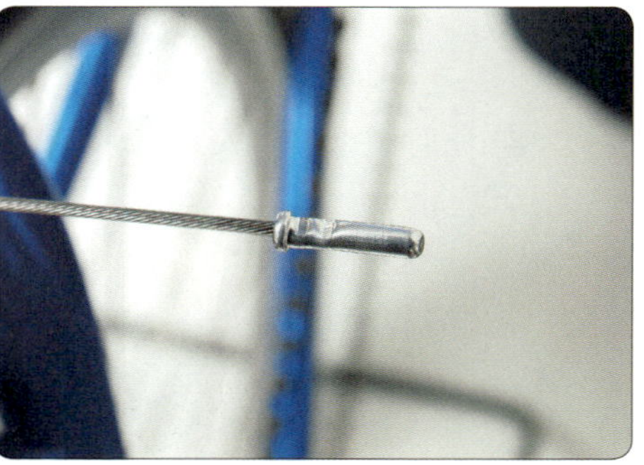

14 평평해 질만큼 캡을 찌그러뜨리면 완료. 마지막으로 브레이크 레버를 쥐고 브레이크가 걸리는지 최종 확인을 하자.

드롭 핸들의 브레이크 케이블 교환

브레이크 케이블 교환 준비

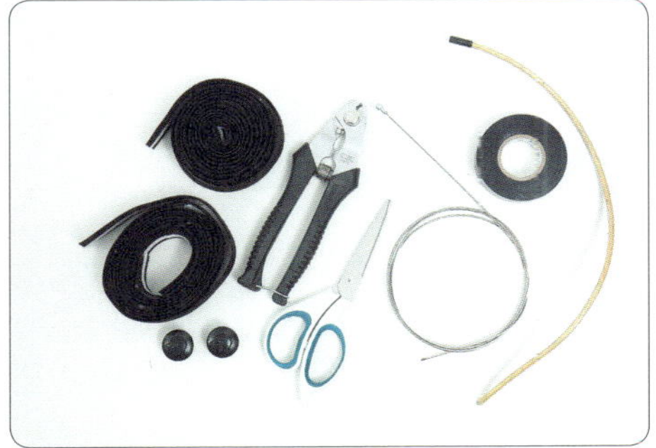

플랫 핸들의 작업과의 차이는 핸들에 감을 바테이프를 준비한다는 것이다.

바테이프를 벗긴다.

1 드롭 핸들은 브레이크 케이블의 위에 바테이프가 감겨 있으므로 먼저 바테이프를 벗긴다.

2 케이블을 고정하고 있는 비닐 테이프를 벗긴다. 테이프가 벗겨지지 않을 경우에는 핸들이 손상되지 않도록 커터칼로 자른다.

케이블을 떼어낸다.

1 브레이크슈를 붙잡고 케이블 고정 볼트를 느슨하게 한다.

2 케이블이 느슨해지면 케이블 커터로 케이블을 절단한다.

3 그대로 케이블을 위로 잡아당기면 케이블이 빠진다.

4 | 하우징을 케이블에서 벗긴다.

5 | 브레이크 레버를 쥐고 레버의 상부를 열면 브레이크 케이블의 선단을 고정하는 케이블 머리가 있다.

새로운 케이블을 단다.

6 | 케이블 머리를 잡아당겨 꺼내고 케이블을 뽑아낸다. 케이블 머리를 꺼내기 힘든 경우에는 핸들 바의 방향에서 케이블을 밀면 케이블 머리가 나온다.

1 | 브레이크 레버를 열고 케이블 구멍에 케이블을 통과시킨다.

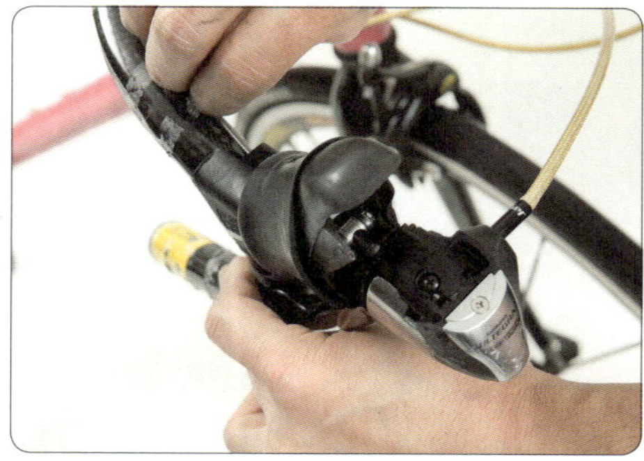

2 | 핸들 바로 케이블이 나오면 그 케이블을 잡아당겨 케이블 머리 부분을 고정시킨다.

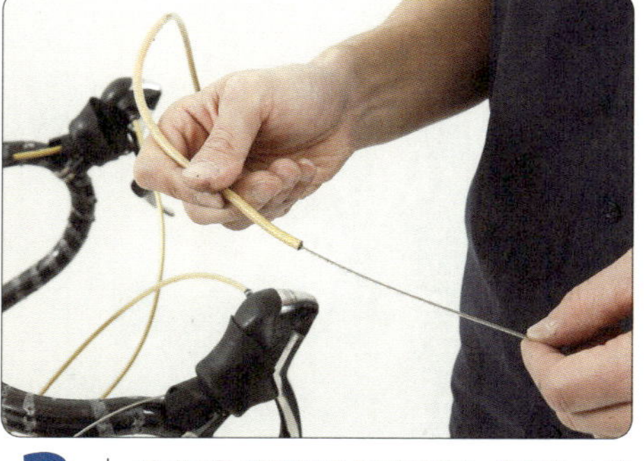

3 | 케이블을 하우징에 통과시킨다. 하우징 속의 케이블에 녹이나 노화가 없으면 원래의 하우징을 사용한다.

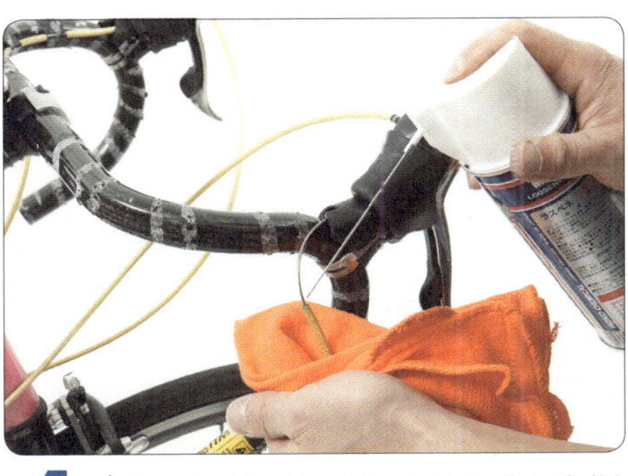

4 케이블 스톱에 오일을 넣는다. 그리고 케이블에도 주유한다. 이때 헝겊을 대어 오일이 흘러 떨어지지 않도록 하자.

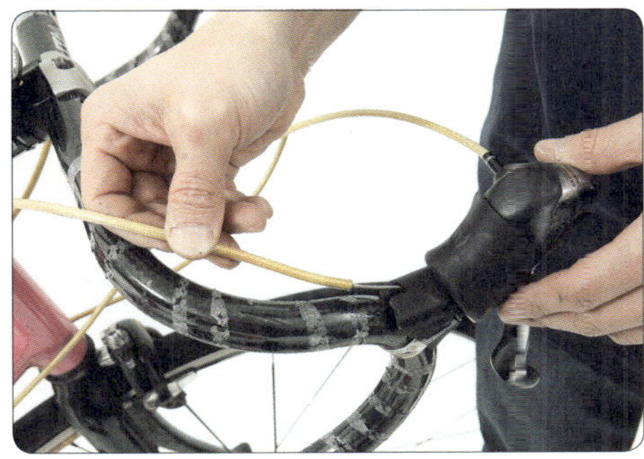

5 케이블 하우징을 브레이크 레버 브래킷 부분에 밀어 넣는다.

6 브레이크의 케이블 고정 볼트 부분에 케이블을 통과시킨다.

7 하우징도 확실히 끼워 넣는다.

8 브레이크 아치가 흔들리지 않도록 브레이크 슈를 붙잡고 육각렌치로 볼트를 조인다.

9 브레이크 레버를 강하게 쥐어 케이블을 길들이고 장력을 조절한다.

케이블의 최종 조절

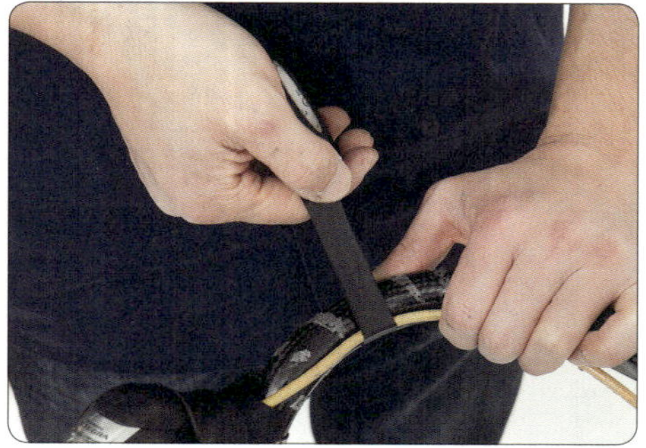

1 | 케이블을 핸들에 고정한다.

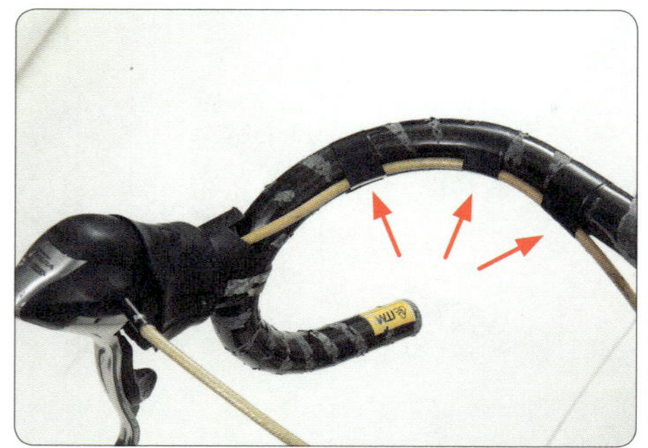

2 | 사진과 같이 3군데를 비닐 테이프로 고정하면 작업하기 쉬워진다.

3 | 케이블이 초기에 늘어난 만큼 케이블을 조정한다. 케이블을 고정한 만큼도 케이블의 길이가 달라진다.

4 | 케이블을 고정하면 케이블 커터로 여분의 케이블을 절단한다.

5 | 케이블의 끝에 캡을 씌우고 빠지지 않도록 찌그러뜨린다

6 | 마지막으로 새로운 바테이프를 감으면 완료다.

Part 7 브레이크

'케이블이 늘어난다.'란 무슨 말일까?
케이블에 관한 잔지식

'케이블이 늘어난다.' '초기 늘어남' 이라는 말이 있는데 온도나 습기로 인해 금속 자체가 늘어난다고 생각하는가. 사실 케이블은 털실과 같은 구조로 되어 있어 여러 가닥의 금속 다발이 꼬여 있다. 털실을 잡아당기면 늘어나는 것처럼 케이블도 늘어나는 것이다.

케이블의 종류와 구조

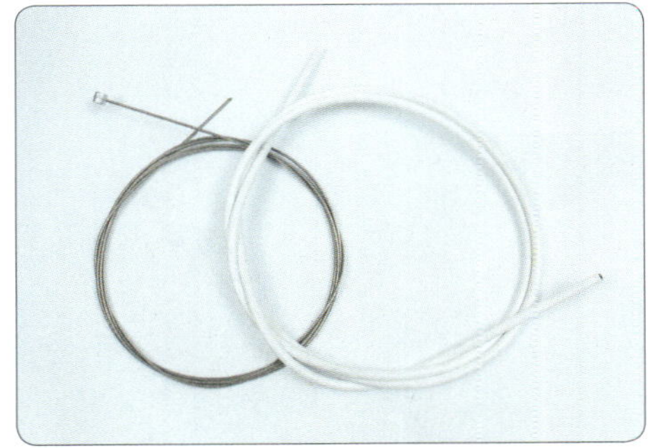

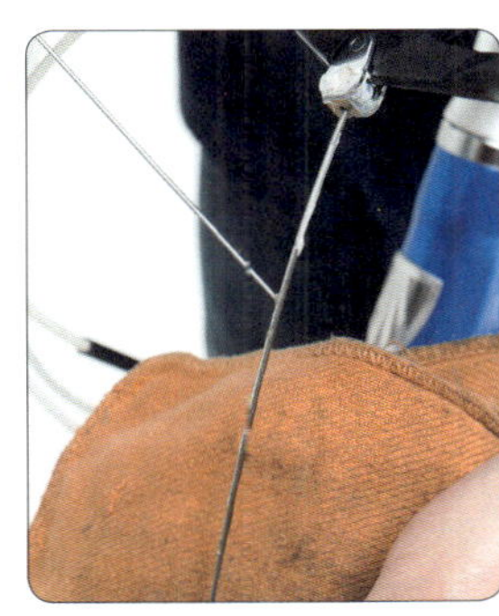

케이블에는 디레일러나 브레이크를 실제로 움직이는 이너 케이블(사진 좌)과 이너 케이블을 리드하는 케이블 하우징 (사진 우)이 있다.

이너 케이블은 스틸 또는 스테인리스로 여러 가닥의 선을 꼬아서 한 가닥으로 만들고 있다. 케이블이 늘어나는 것은 잡아당김으로써 꼬인 선끼리의 간격이 좁아지기 때문이다.

POINT

체인은 늘어난다?

체인은 많은 플레이트와 핀으로 구성되어 있어 각각의 마찰이 몹시 큰 부품이다.

체인에 마찰이 발생하면 아주 조금씩 깎여 부품 사이의 틈새가 커져 체인이 늘어난다.

Part 7 브레이크

난이도 ★☆☆ 작업시간 10분

브레이크의 효과를 높이기 위한
브레이크슈 조정

자전거의 브레이크는 양쪽의 브레이크슈가 림을 밀어 붙여 멈추는 구조다. 브레이크슈가 올바른 위치에 설정되어 있지 않으면 주행 중 타이어를 깎거나 브레이크가 작동되지 않는 경우가 있다. 반드시 올바른 위치로 조절하자.

필요한 공구

육각렌치

브레이크슈의 올바른 위치

림의 평평한 면의 맨 위에 슈의 호의 정점이 있고 양단에서 림의 폭이 균등하게 벌어지도록 장착되어 있다.

브레이크슈의 잘못된 위치

굽어져 있다.

림에 똑바로 장착되지 않으면 브레이크가 작동하지 않는다.

지나치게 내려감

브레이크슈가 림에 접촉하는 면적이 좁아져 브레이크 본래의 성능을 발휘하지 못한다.

지나치게 올라감

타이어에 브레이크슈가 접촉하고 있다. 마찰에 의해 타이어의 측면이 잘려 펑크가 난다.

브레이크슈의 올바른 간격

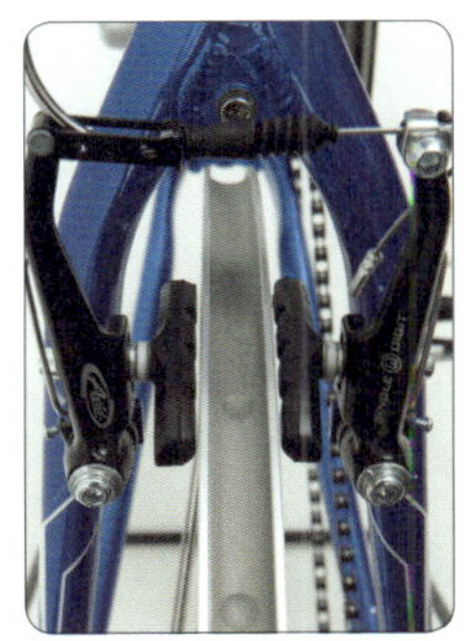

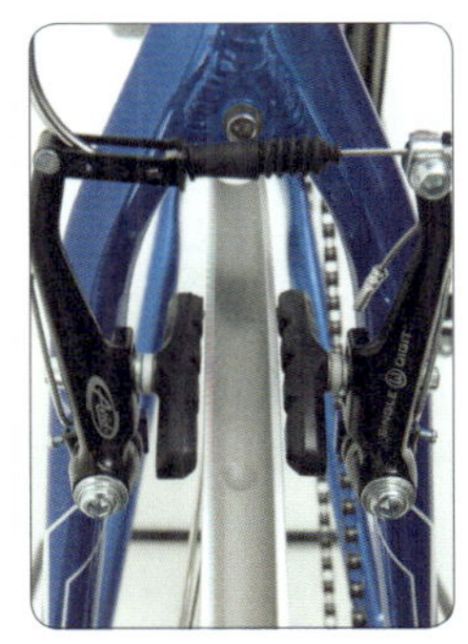

슈가 좌우대칭으로 림과 수평이 되어 있는 것이 이상적인 상태다. 브레이크가 제대로 걸린다.

토인이라고 불리는 뒤에서 봤을 때 '八'자 형태의 설정. 브레이크의 작동이 좋고 잡음도 적다.

브레이크슈의 잘못된 간격

치우침

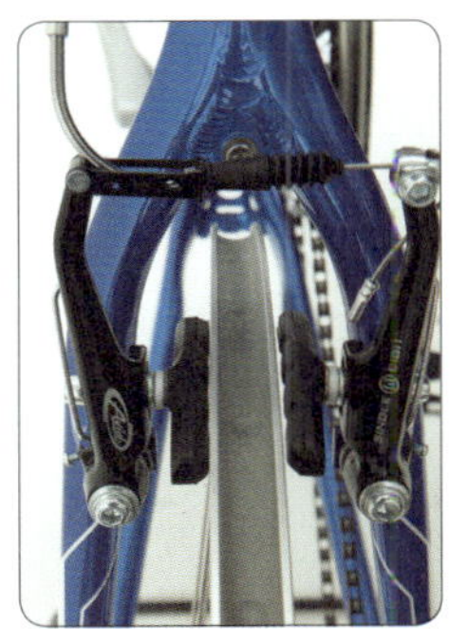

끌림

슈가 한쪽으로 기울어 림을 제대로 잡지 못하므로 브레이크가 작동하기 어렵다.

브레이크슈가 림에 너무 붙어 있다. 림과 슈가 접촉히버려 페달링에 부하가 걸린다.

위치 조정 방법

1 브레이크슈는 브레이크 본체에 볼트 1개(한쪽)로 고정되어 있다.

2 브레이크슈가 움직이도록 육각렌치로 볼트를 느슨하게 조정한다. 전후좌우로 디세한 조정이 필요하다.

Part 7 브레이크

난이도 ★★☆   작업시간 30분

브레이크 작동이 느슨해지면
브레이크슈를 교환한다

브레이크슈는 소모품이다. 림과의 마찰로 마모되므로 정기적인 교환이 필요하다. V브레이크와 캘리퍼 브레이크의 브레이크슈는 크게 4종류로 나뉘지만 기본적으로 작업내용은 달라지지 않는다.

필요한 공구

육각렌치   펜치

▶ 브레이크슈의 종류

V브레이크슈

일반적인 타입은 나사와 슈가 일체형이 되어 있다.

V브레이크 카트리지식 슈

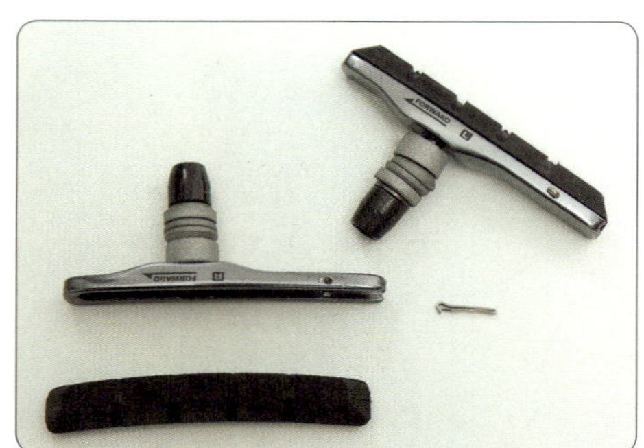

상위 기종은 레이스 혹은 트레이닝의 기회가 많은 사람에게 맞다. 소모도가 크기 때문에 슈만 교환할 수 있는 카트리지식으로 되어 있다.

캘리퍼 브레이크슈

로드용 브레이크슈는 V브레이크용보다 폭이 두껍고 짧은 것이 특징이다. 나사와 슈가 일체형이 되어 있다.

캘리퍼 브레이크 카트리지식 슈

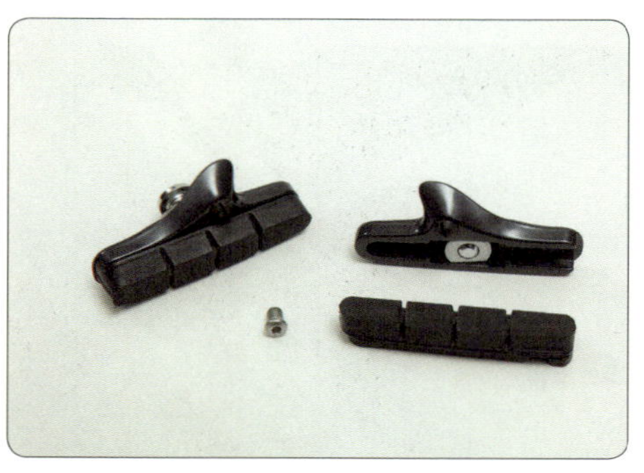

V브레이크와 마찬가지로 상위 등급의 브레이크슈는 카트리지식을 채용한다. 슈만 교환할 수 있으므로 런닝 코스트를 줄일 수 있다.

▶ V브레이크 · 캘리퍼 브레이크 슈의 교환

브레이크슈를 떼어낸다.

1 여기서는 V브레이크로 설명하지만 캘리퍼 브레이크의 경우도 작업내용은 거의 같다.

2 V브레이크의 경우는 사진과 같이 이너 리드를 이너 리드 유닛에서 떼어 낸다.

3 브레이크를 개방한 상태. 이렇게 해두면 림과 브레이크슈의 간격이 커져 작업하기 쉽다.

4 나사를 돌릴 때 브레이크슈가 회전해버리지 않도록 손으로 브레이크슈를 누르고 림에 밀어 붙인다.

5 브레이크슈를 밀어 붙인 상태로 육각렌치를 나사에 끼워 넣고 나사를 푼다.

6 나사가 풀리면 슈를 떼어낸다. 캘리퍼 브레이크는 암의 벌어짐이 적으므로 브레이크 케이블을 느슨하게 하여 크게 개방하고 떼어낸다.

새로운 브레이크슈를 장착한다.

1 | 새로운 브레이크슈를 준비한다.

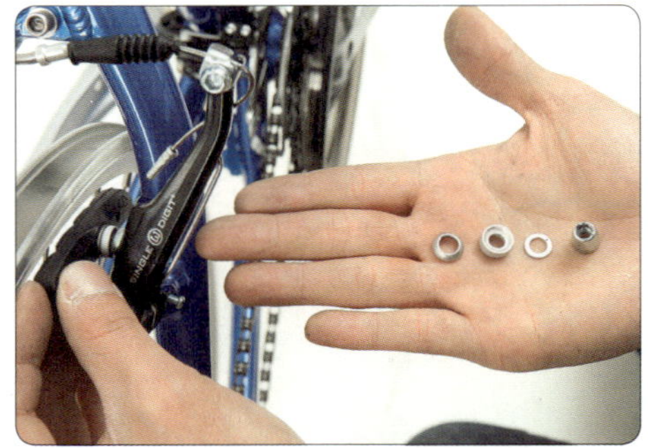

2 | V브레이크는 전후좌우로 각도를 바꿀 수 있도록 맷돌 형태의 와셔를 짜 맞추도록 되어 있다.

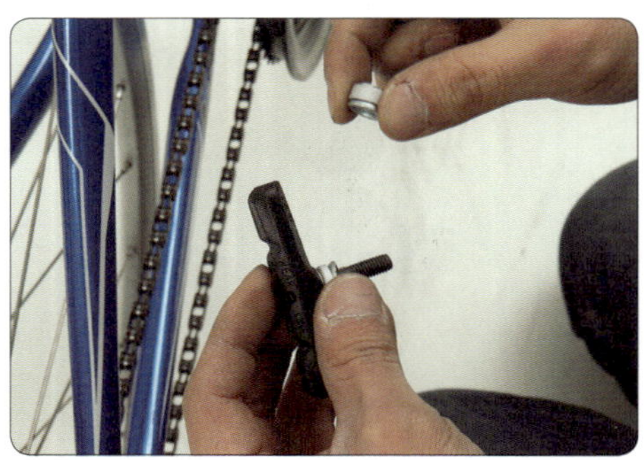

3 | 나사만 떼어낸다. 캘리퍼 브레이크의 경우는 볼트를 벗긴다.

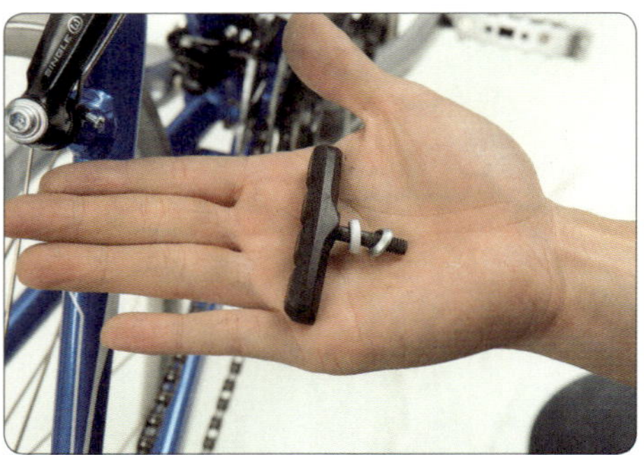

4 | 와셔가 두 개 남아 있다.

5 | 브레이크슈를 암의 아래에 있는 나사 고정 구멍에 끼워 넣는다.

6 | 브레이크를 넘어뜨리고 브레이크슈를 림에 밀어 넣는다.

7 브레이크를 걸어서 림에 브레이크슈를 밀어 붙인 채로 나사를 장착한다.

8 나사는 브레이크슈가 흔들리지 않을 정도까지 손으로 조인다.

9 브레이크슈의 위쪽 호의 정점이 림의 브레이크 부근 면의 맨 위에 오도록 한다.

10 나사를 조여 간다. 나사 한 개로 고정하므로 슈가 축에 나사를 회전시키지 않도록 주의가 필요하다.

11 같은 식으로 반대쪽 슈도 장착한다. 이때 좌우 브레이크로 확실하게 림을 집도록 좌우대칭으로 장착하는 것이 가장 중요하다.

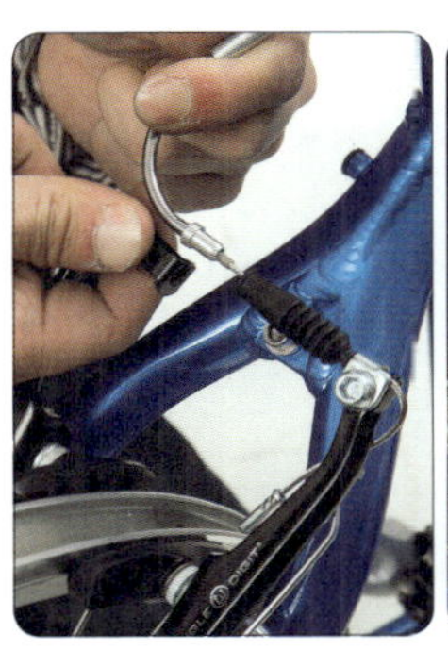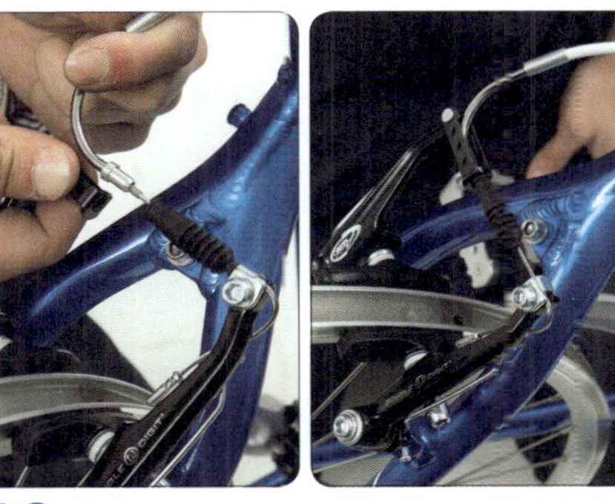

12 이너 리드를 되돌리면 종료. 이 작업을 잊고 달리면 브레이크가 걸리지 않아 위험하므로 잊지 않도록 주의하자.

▶ 캘리퍼 브레이크 카트리지식 슈의 교환

브레이크슈를 떼어낸다.

1 브레이크를 개방한다. 이것은 캘리퍼 브레이크의 사진이지만 V브레이크의 경우도 작업내용은 거의 같다.

2 브레이크슈를 장착하고 있는 볼트를 느슨하게 하고 브레이크슈를 떼어낸다. 브레이크 케이블을 느슨하게 하면 암이 크게 개방된다.

3 볼트가 빠지면 카트리지는 금방 떼어낼 수 있다.

4 브레이크슈를 고정하고 있는 나사를 느슨하게 한다. V브레이크의 경우는 핀으로 고장되어 있다.

5 브레이크슈의 끝부분이 보이는 곳에서 뽑아내면 패드를 뺄 수 있다. 슈에 따라서는 안전성을 고려해 간단히 미끄러지지 않는 것도 있다.

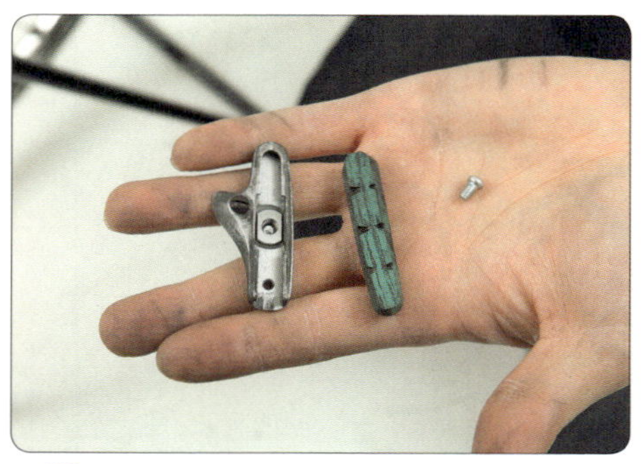

6 완전히 패드가 빠진 상태.

새로운 브레이크슈를 장착한다.

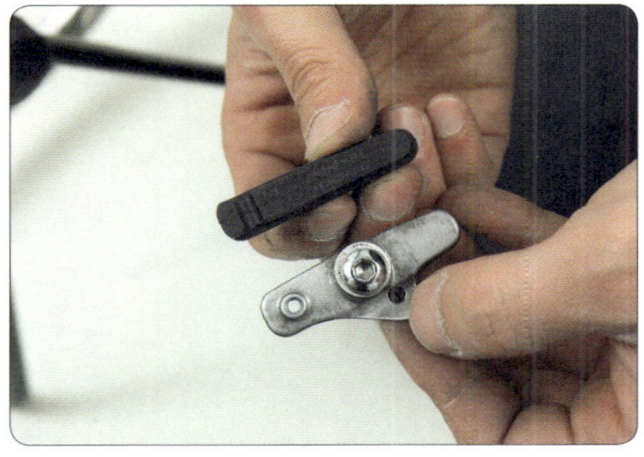

1 브레이크슈에는 림에 맞춘 호가 달려 있으므로 좌우 어느 쪽에 붙여야 좋을지 구분할 수 있지만 제품에 따라서는 좌우 표시가 된 것도 있다.

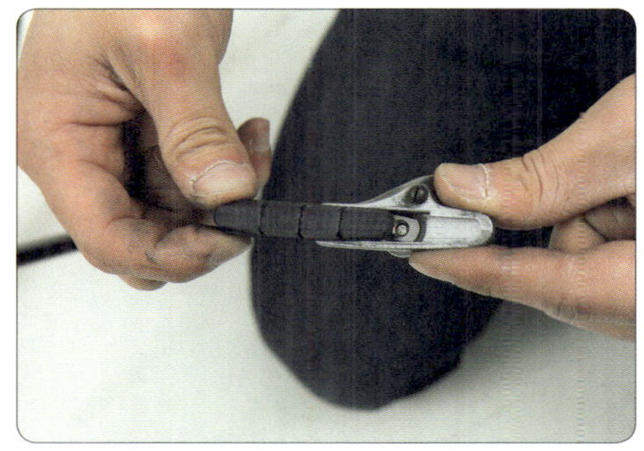

2 브레이크슈를 안까지 끼워 넣는다.

3 브레이크 패드 고정 나사를 조여 브레이크 패드를 고정한다.

4 올바른 위치에 장착되도록 확실하게 브레이크슈를 잡고 장착하자.

5 퀵 릴리스 레버를 원래대로 되돌린다. 이것을 잊어버리면 브레이크가 작동하지 않으므로 반드시 되돌릴 것.

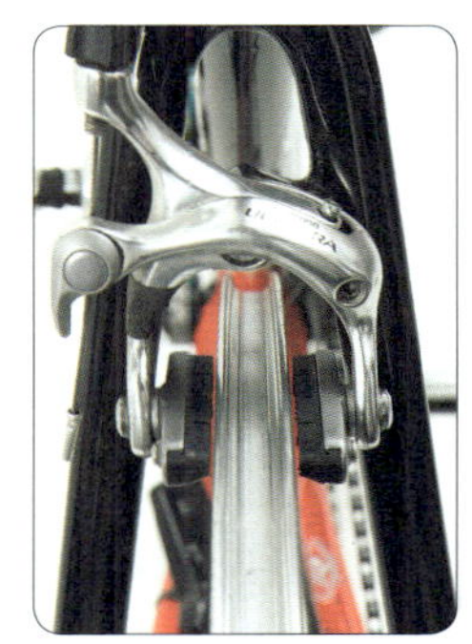

6 마지막으로 브레이크슈가 좌우대칭으로 장착되어 있는지 확인한다. 좌우대칭이 되어 있지 않은 경우에는 같은 작업을 다시 반복한다.

▶ V브레이크 카트리지식 슈의 교환

브레이크슈의 구조

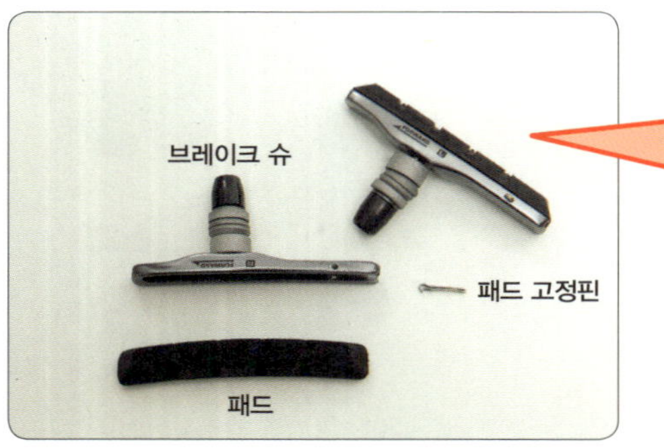

V브레이크용 브레이크슈는 브레이크슈, 패드, 패드 고정핀으로 구성되어 있다.

브레이크슈를 떼어낸다.

1 │ 핀의 아래쪽(U자 형태가 아닌 쪽)에서 단단한 것으로 밀면 핀이 미끄러져 움직인다.

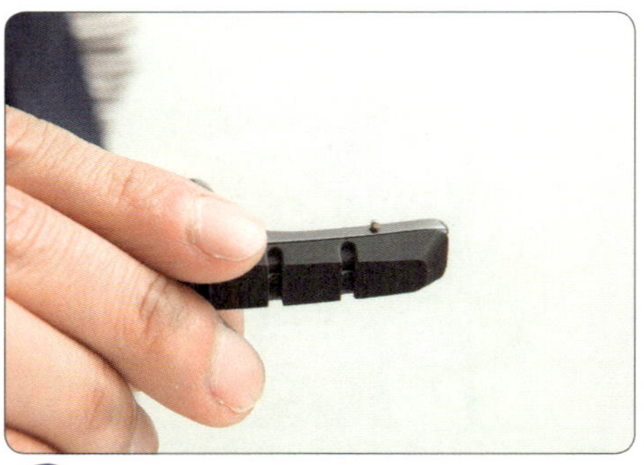

2 │ 반대쪽으로 핀이 나와 있는 상태.

3 │ 펜치 등으로 핀의 위쪽에서 집어서 빼면 제거할 수 있다.

4 │ 브레이크슈를 뽑아내면 작업은 완료다.

새로운 브레이크슈를 장착한다.

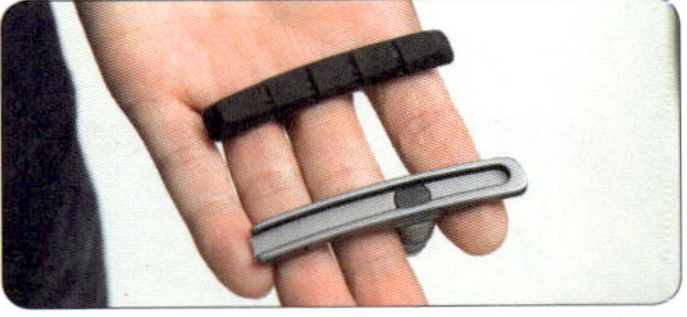

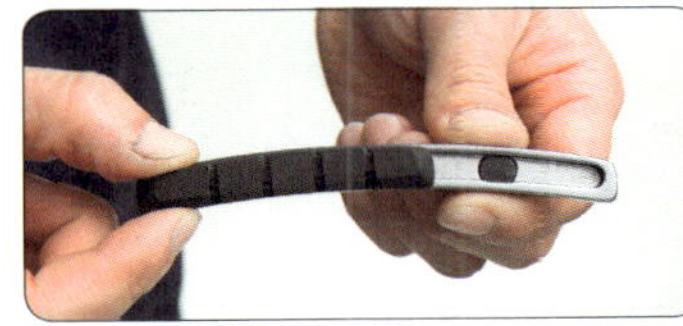

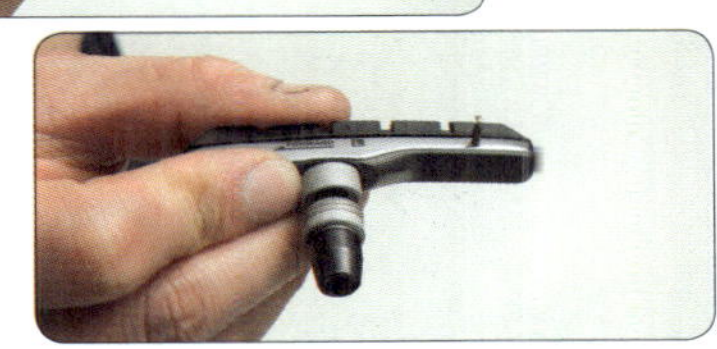

1 브레이크슈의 호와 패드의 호를 맞춰 패드를 미끄러뜨려 장착한다. 이때 고정 핀을 넣는 구멍이 맞는지도 확인한다.

2 패드 고정 핀을 끼워 넣는다.

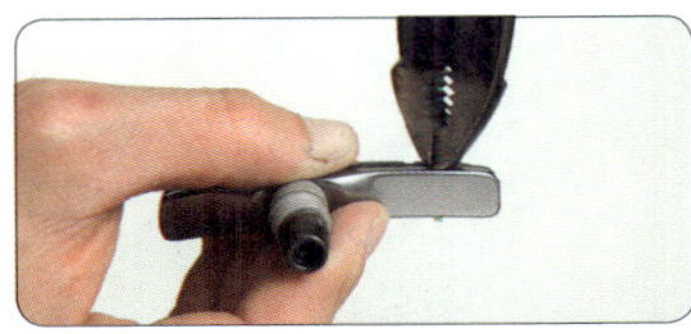

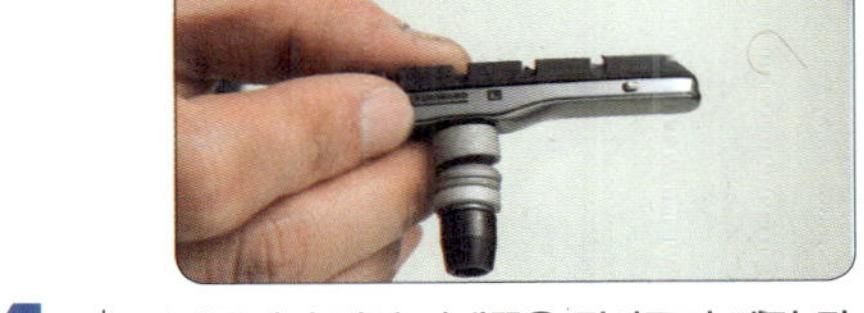

3 단단한 물건으로 핀의 위쪽(U자 형의 머리)를 밀어 넣는다.

4 반대쪽에서 핀의 아래쪽을 잡아당겨 빼면 작업완료.

POINT

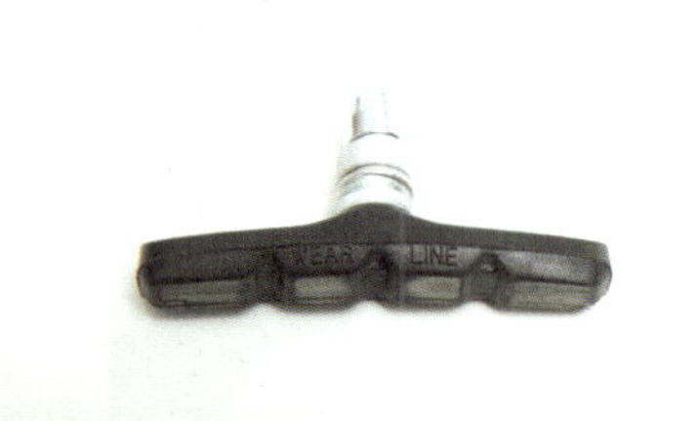

브레이크슈에는 여기까지 마모되면 교환한다는 기준이 있다. 패드의 'WEAR LINE'이라고 표시된 부분이다.

사진은 마모된 브레이크슈. 배수를 위한 홈이 없어질 정도로 깎여 있음을 알 수 있다.

V브레이크 · V브레이크 카트리지식 슈

1 브레이크슈 교환 후에는 슈와 림의 간격이 마모된 만큼 좁아져 있다. 브레이크 케이블의 장력을 조정하여 브레이크를 걸기 쉬운 간격으로 되돌린다.

2 브레이크 레버를 당겨 브레이크의 장력이나 림과 슈의 간격을 확인한다.

3 브레이크의 옆이나 뒤에서 브레이크슈가 좌우대칭으로 붙어 있는지도 확인한다.

4 브레이크슈 고정 볼트가 제대로 조여져 있는지 확인한다.

5 뒤에서 브레이크를 보고 슈와 림의 간격이 좌우대칭이 아닌 경우는 스프링 조정 나사를 돌려서 좌우 균형을 잡는다.

6 브레이크 레버를 당겨서 브레이크를 여러 번 걸어 좌우 균형을 조정한다.

1 | 해제 레버를 되돌려 주행 중과 같은 상태로 만든다.

2 | 브레이크 레버를 당겨 브레이크의 균형이 잡혀 있는지를 확인한다.

3 | 로드 바이크는 브레이크 레버가 먼 경우가 있으므로 혼자서 작업할 경우에는 도중에 케이블을 당기는 방법도 있다.

4 | 브레이크슈가 좌우대칭으로 달려 있으면 볼트를 조인다.

5 | 새로운 슈를 달면 마모된 만큼 림과 슈의 간격이 좁아져 있으므로 케이블의 장력을 조정하여 슈와 림의 위치를 조절한다.

6 | 완성된 상태를 뒤에서 본 모습.

Part 7 브레이크

난이도 ★★☆　　작업시간 30분

디스크 브레이크도 마모는 피할 수 없다.
브레이크 패드의 교환

디스크 브레이크의 패드는 최종적으로 휠의 회전을 멈추는 중요한 부품이다. 하지만 오래 사용하면 언젠가 마모되므로 교환이 필요하다. 유압식과 기계식 모두 교환 작업은 기본적으로 같다.

필요한 공구

육각렌치　　펜치　　플라이어

▶ 디스크 브레이크의 패드를 교환한다.

브레이크 패드

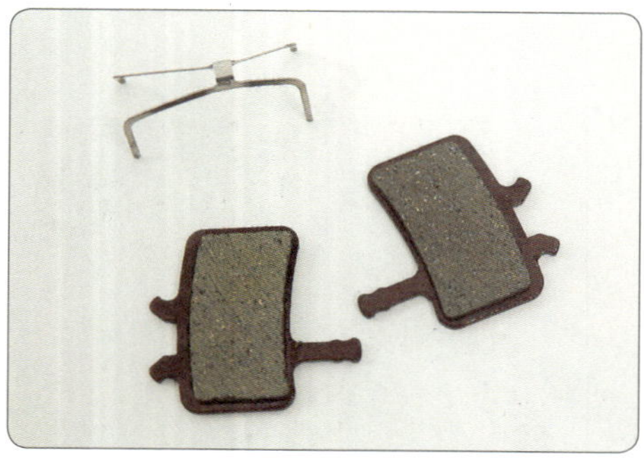

이것은 유압식 디스크 브레이크용 패드다. 스프링 사이에 브레이크 패드를 끼워서 사용한다.

공구

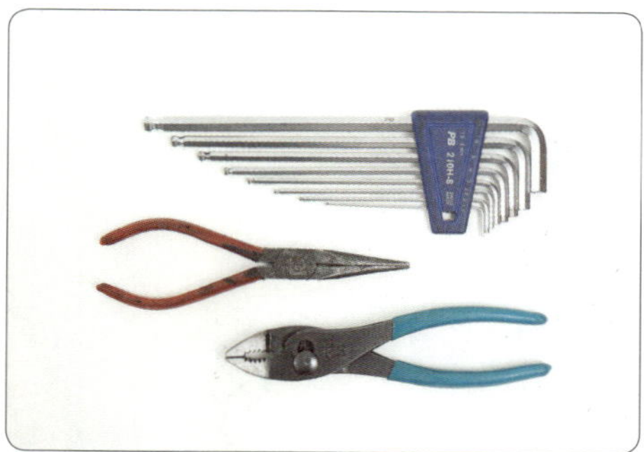

사용할 공구는 육각렌치, 펜치, 플라이어.

브레이크 본체를 떼어낸다.

1 | 이것은 유압식 디스크 브레이크의 본체다.

2 | 브레이크 본체를 고정하는 볼트를 벗긴다. 옆의 볼트도 벗긴다.

3 | 브레이크 본체를 떼어낼 때는 브레이크 호스에 주의하자. 세게 잡아당기면 브레이크 호스의 끝부분이 빠져서 오일이 샐 위험이 있다.

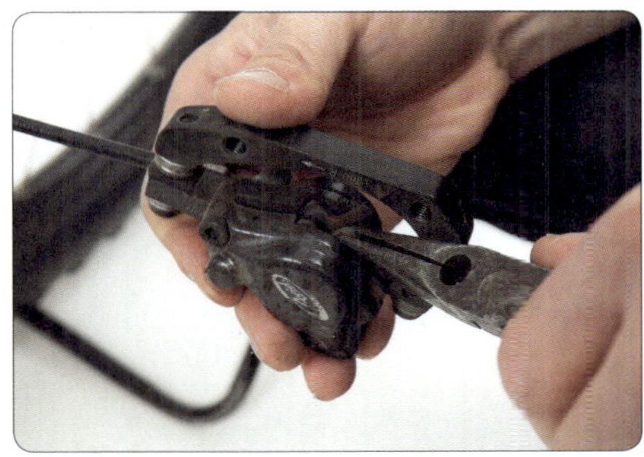

4 | 펜치를 이용해 브레이크 본체에서 패드를 떼어낸다.

5 | 패드가 떨어진 상태.

6 | 본체에는 패드를 끼우는 스프링이 남아있으므로 잊지 말고 떼어낸다.

브레이크 패드를 장착한다.

1 | 브레이크 본체가 빠졌으면 걸레로 오염을 닦는다.

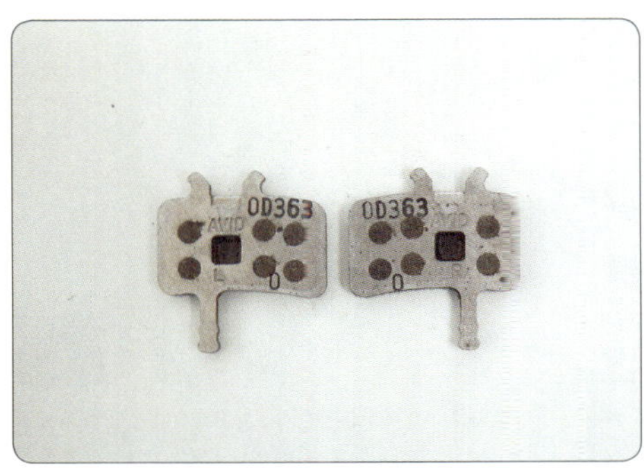

2 | 새로운 브레이크 패드를 준비한다. 이것은 패드의 안쪽이다.

3 브레이크 패드의 안팎에 주의하면서 표면이 안쪽으로 오도록 스프링에 설치한다.

4 스프링에서 패드가 빠지지 않도록 잡고 브레이크 본체에 넣는다.

5 패드의 방향을 틀리지 않도록 끼워 넣는다. 닳아서 줄어든 패드는 두께가 얇아져 쉽게 떼어낼 수 있지만 새로운 패드는 두께 관계로 어렵다.

브레이크 본체 내의 스프링에 패드가 들어간 상태.

브레이크 본체를 장착한다.

1 로터가 휘지 않도록 주의하며 패드와 패드 사이에 로터가 들어가도록 브레이크 본체를 장착한다.

2 브레이크 본체의 고정 볼트를 조이면 작업 종료.

▶ 교환 후 점검

로터와 패드의 간격 확인

1 │ 로터와 패드의 간격이 균일하고 브레이크 본체가 올바른 위치에 달려 있는 상태.

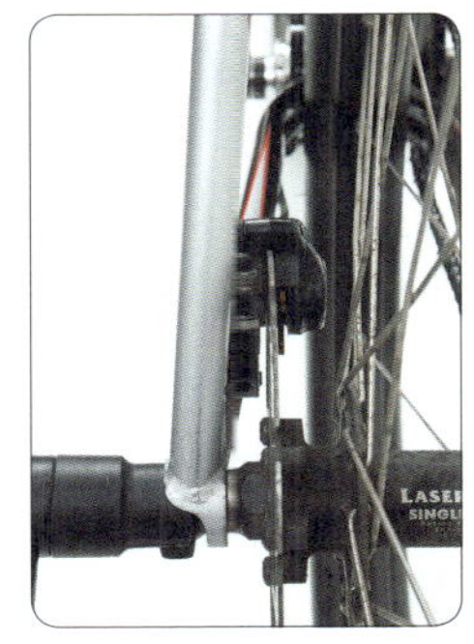

2 │ 만약 로터가 브레이크 패드에 들러붙어 있으면 브레이크 본체의 위치를 조정하여 끌림을 고친다.

3 │ 뒤에서 브레이크 본체를 똑바로 보고 간격을 조정한다.

4 │ 하는 김에 브레이크 호스의 고정 볼트도 조인다.

P O I N T

기계식 디스크 브레이크의 경우에는 쉽게 교환할 수 있다.

1 │ 기계식 브레이크의 패드는 둥근 형태를 하고 있다.

2 │ 브레이크 패드의 간격 조정 다이얼을 느슨하게 하고 패드를 꺼내고 새로운 패드를 넣을 뿐이다.

Part 8

변속장치

Part 8 변속장치

조정하기 전에 알아둬야 할
변속장치의 구조

변속장치(디레일러)를 조정하기 전에 변속장치의 구조를 알아두자. 변속장치는 많은 부품으로 구성되어 있다. 스탠드를 세워 크랭크를 돌리며 기어 변속을 하고 디레일러의 움직임을 기억하면 메인터넌스 시에도 도움이 된다.

변속장치의 명칭

톱 측

기어 변속을 할 때 케이블이 잡아당겨짐으로써 기어가 가벼워진다. 기어가 톱에 놓여 있을 때는 케이블이 느슨해져 기어가 무거운 상태.

로우 측

기어가 가장 가벼운 로우에 놓여 있을 때는 케이블이 가장 팽팽해진 상태. 톱 측일 때게 비해 디레일러의 스프링이 늘어나는 경향을 띠고 있다.

앞 디레일러의 구조

앞 디레일러는 체인 가이드가 이너 측과 아우터 측으로 움직임으로써 체인이
탈선하여 변속한다. 체인 가이드의 가동역은 이너 조정 나사와 아우터 조정
나사로 조정한다. 어저스터는 프런트의 시프트 레버에 달려 있다.

뒤 디레일러의 구조

뒤 디레일러는 가이드 풀리가 톱 기어와 로우 기어로 움직임으로써 변속한다.
톱 조정 나사와 로우 조정 나사는 가이드 풀리의 가동역을, B텐션의 볼트는
풀리의 위치조정을 결정한다.

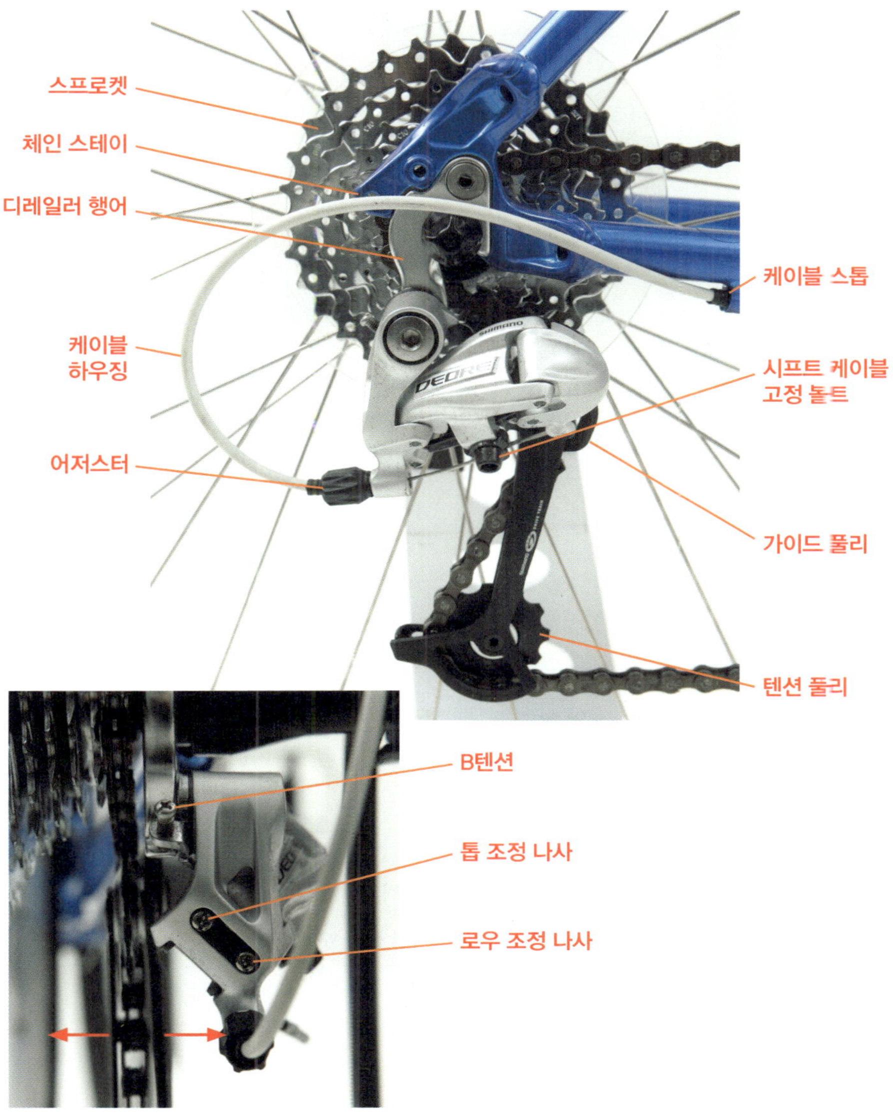

Part 8 변속장치

능숙하게 변속하기 위한
시프터의 종류와 사용법

쾌적하게 주행할 수 있도록 대부분의 스포츠 자전거에는 변속장치가 달려 있다. 시프트 케이블로 변속하는데 그 케이블의 장력을 조정하는 것이 시프터다. 어느 레버로 시프트 업, 시프트 다운하는지 확실하게 기억해두면 원활한 주행을 할 수 있다.

▶ 플랫 핸들의 시프터

레버식 시프터

1 플랫 핸들의 레버식 시프터는 브레이크 레버와 일체가 되어 있다. 사용하는 손가락이 같기 때문에 브레이크 레버의 바로 옆에 오도록 설치되어 있다.

2 오른쪽 핸들로는 뒤 디레일러를 조작한다. 브레이크 안쪽의 레버를 당겨 시프트 업, 그립 아래의 레버를 밀어서 시프트 다운한다.

그립식 시프터

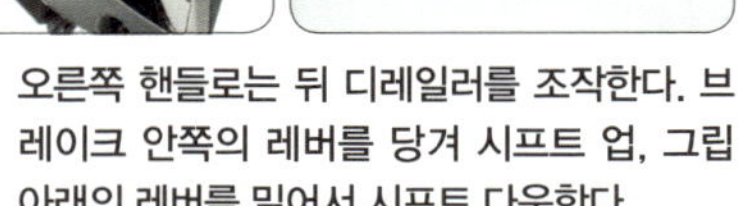

3 왼쪽 핸들로는 앞 디레일러를 조작한다. 브레이크 레버의 안쪽 레버를 당겨서 시프트 업, 그립 아래의 레버를 밀어서 시프트 다운한다.

1 그립을 회전시켜 변속하는 타입. 레버식과 마찬가지로 오른쪽 핸들로 뒤 디레일러, 왼쪽 핸들로 앞 디레일러를 조작한다.

▶ 드롭 핸들의 시프터

듀얼 컨트롤 레버식 시프터

1 로드바이크나 일부 미니벨로 등에는 드롭 부분에 시프터가 달려 있는 브레이크 레버와 일체형인 듀얼 컨트롤 레버가 주류를 이룬다.

2 오른쪽 핸들로 뒤 디레일러, 왼쪽 핸들로 앞 디레일러를 조작한다.

3 케이블을 잡아당기는 변속(앞은 무겁게 뒤는 가볍게)은 브레이크 레버를 안쪽으로 핸들에 대해 직각으로 눌러 변속할 수 있다.

4 케이블을 느슨하게 하는 변속(앞을 가볍게 뒤를 무겁게)은 브레이크 레버 안쪽에 있는 작은 레버를 핸들과 수직으로 누름으로써 변속할 수 있다.

더블 레버식 시프터

1 이것은 이전의 로드 바이크에 자주 채용되던 더블 레버식 시프트 레버다. 핸들이 아닌 다운 튜브의 좌우에 시프터가 달려 있다.

2 더블 레버는 안장에 앉은 상태로 핸들에서 한쪽 손을 떼고 조작한다. 당기면 케이블이 잡아당겨지고 밀면 케이블이 느슨해진다.

Part 8 변속장치

난이도 ★★☆   작업시간 20분

원활하게 변속할 수 없게 되면
디레일러의 케이블을 조정하자

시프트 케이블이 늘어나면 원활하게 변속을 할 수 없으므로 케이블의 조정이 필요해진다. 케이블은 여러 가닥의 금속 다발을 합쳐서 꼰 구조이다. 그 다발의 틈새가 메워져 케이블이 길어진다.

필요한 공구

육각렌치

▶ 디레일러의 케이블 조정

어저스터를 돌린다.

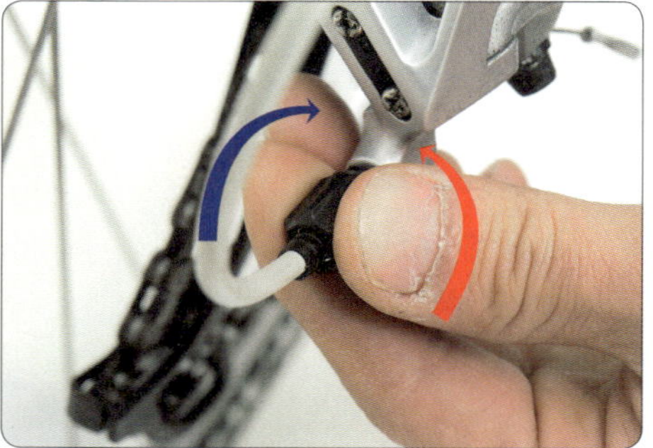

1 │ 케이블의 장력을 조정함으로써 변속을 정확하게 실행할 수 있게 된다. 뒤 디레일러의 뒤에 있는 어저스터를 돌린다.

2 │ 어저스터를 반시계방향으로 돌리면 케이블의 장력이 강해지고 시계방향으로 돌리면 느슨해진다.

케이블의 장력 조정

1 │ 자전거를 스탠드에 고정한다. 크랭크를 돌리면서 리어의 시프터를 움직여 모든 기어로 변속할 수 있는지 확인한다.

2 │ 시프트 레버를 움직여 5단 째(10단의 경우 한가운데의 기어)의 기어로 한다. 시프트 레버로 변속을 할 때는 크랭크를 동시에 돌리는 것을 잊지 말자.

3 기어가 5단에 들어가 있는 상태. 시프트 케이블의 장력을 조정할 때는 기어의 매수에 따라 차이는 있지만 한가운데 기어로 한다.

4 크랭크를 회전시키면서 손으로 케이블을 당기거나 느슨하게 하여 체인에 잡음이 나지 않는지 확인한다.

5 체인에서 소리가 날 경우에는 크랭크를 회전시키면서 어저스터를 돌린다.

6 어저스터는 인덱스식이므로 한 단 한 단 돌려보고 소리가 나지 않는 지점을 찾아 간다.

7 소리가 해소되면 모든 기어로 변속하여 소리가 나지 않는지 확인한다.

8 마지막으로 모든 기어가 원활하게 들어가는지 최종 점검한다.

디레일어가 움직이지 않는 원인을 찾는다.

디레일러가 움직이지 않는 원인

1 시프트 레버를 움직여도 디레일러가 움직이지 않는 경우의 체크 방법을 소개한다.

케이블의 장력을 확인

2 케이블의 장력이 없어져 있음을 생각할 수 있다. 그럴 경우 변속이 되지 않는다. 케이블의 장력을 확인해본다.

케이블 스톱을 확인

3 케이블 스톱에 케이블 하우징이 들어가 있지 않은 경우가 있다. 각 케이블 스톱을 확인한다.

4 만약 케이블 하우징이 케이블 스톱에서 빠져 있으면 케이블 스톱에 케이블 하우징을 넣는다. 그러면 변속이 올바르게 된다.

5 케이블 스톱은 앞의 사진과 같이 다운 튜브뿐만 아니라 체인 스테이에도 있다. 그 케이블 스톱에서 케이블 하우징이 빠져 있을지도 모른다.

6 빠져 있으면 케이블 스톱에 케이블 하우징을 넣는다. 케이블을 케이블 스톱으로 되돌리는 방법은 다음 페이지에서 설명한다.

▶ 디레일러를 움직인다.

케이블을 케이블 스톱으로 되돌린다.

1 케이블을 살짝 느슨해진 상태로 만들면 작업이 쉬워지므로 먼저 시프터에 있는 어저스터를 조여 케이블을 느슨하게 한다.

2 시프트 레버를 움직여 뒤 디레일러는 톱 기어에 앞 디레일러는 로우 기어에 넣는다. 케이블이 가장 느슨해진 상태가 된다.

3 체인을 톱까지 떨어뜨려 케이블이 가장 느슨한 상태로 만든다. 손으로 체인을 이동하고 크랭크를 돌려서 디레일러를 움직인다.

4 케이블 하우징을 케이블 스톱에 놓는다.

▶ 앞 디레일러의 케이블 조정

1 앞 디레일러의 케이블 조정은 인덱스 조정 나사만으로 실시한다. 인덱스 조정 나사는 시프터 부분에 있다.

2 어저스터를 돌려 케이블의 장력을 조정한다.

Part 8 변속장치

난이도 ★★★　　작업시간 30분

변속 시 이상이 발생하면
뒤 디레일러를 조정한다

변속 시 기어가 잘 들어가지 않거나 주행 중 기어에서 으득으득 소리가 나면 디레일러를 조정하자. 이 조정은 난이도가 높은 작업이므로 상급자용이다. 하지만 자전거 주행 중 필요해 질 가능성이 있으므로 기억해두면 좋다.

필요한 공구

드라이버

육각렌치

▶ 톱 측 조정

톱 측의 디레일러 위치는 위쪽의 톱 조정 나사를 돌려 조정한다. 시계방향은 휠 측, 반시계방향은 바깥 측으로 이동한다.

가이드 풀리의 올바른 위치

올바른 조정 위치. 가이드 풀리의 이끝이 톱 기어(가장 무거운 기어)의 오른쪽 끝의 연장선상에 오도록 조정한다.

가이드 풀리의 잘못된 위치

지나치게 오른쪽

가이드 풀리가 지나치게 바깥쪽에 붙으면 체인이 탈락하여 톱 기어와 체인 스테이의 사이에 끼게 되므로 주의하자.

지나치게 왼쪽

가이드 풀리가 지나치게 휠 쪽으로 붙으면 기어에 체인이 제대로 맞물리지 않는다.

▶ 뒤 디레일러의 조정

1 뒤 디레일러를 조정한다. 뒤 디레일러는 자전거의 후방, 휠 측의 프레임에 장착되어 뿔처럼 아래로 나와 있는 변속기를 말한다.

2 먼저 디레일러의 케이블을 떼어낸다. 육각렌치로 케이블을 고정하고 있는 시프트 케이블 고정 볼트를 느슨하게 한다.

3 케이블을 뗀 상태. 케이블을 뗌으로써 케이블의 장력에 의한 영향을 받지 않고 조정할 수 있다.

4 어저스터는 가장 틀어박힌 부분부터 한 바퀴 느슨해진 상태로 한다.

5 다음으로 디레일러 후방 위쪽에 있는 톱 조정 나사를 돌려 톱 기어, 가이드 풀리, 텐션 풀리가 일직선이 되도록 조정한다.

6 톱 조정 나사를 돌려 조정이 된 상태.

7 페달을 돌려 가이드 풀리가 적정 위치인지 확인한다. 체인과 기어가 접촉하여 절그럭절그럭 소리가 나지 않는 위치로 한다.

8 만약 페달을 돌려 절그럭하는 소리가 났다면 다시 톱 조정 나사를 돌려 소리가 나지 않는 위치까지 조정한다.

9 최대한 케이블을 잡아당긴 상태로 조금 전에 뺀 나사에 케이블을 끼우고 조인다.

10 케이블의 장력을 확인한다. 느슨함이 있으면 없어질 상태까지 다시 케이블을 설치한다.

11 페달을 돌려 시프터를 움직여 뒤 디레일러를 변속시킨다. 모든 기어에 변속이 되는지 확인한다.

12 만약 제대로 변속이 되지 않으면 인덱스 조정 나사를 풀면서 조정한다.

▶ 로우 측의 조정

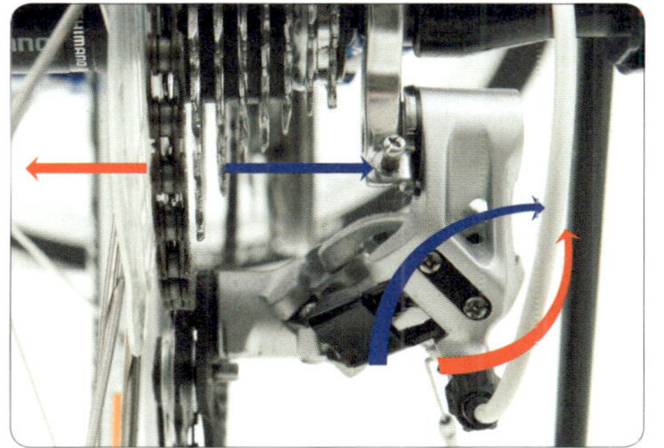

로우 측의 디레일러 위치 조정은 아래쪽 나사로 조정한다.
시계방향은 톱 측, 반시계방향은 휠 측으로 이동한다.

가이드 풀리의 올바른 위치

올바른 조정 위치. 가이드 풀리의 이끝이 로우 기어(가장
가벼운 기어)의 톱니 중심의 연장선상에 오도록 위치를 조
정한다.

가이드 풀리의 잘못된 위치

지나치게 왼쪽

가이드 풀리의 이끝이 지나치게 휠 측에 붙으면 톱니가 제
대로 맞물리지 않는다. 게다가 휠에 체인이 접촉하여 휘감
겨 낙차의 위험성도 있으므로 주의하자.

지나치게 오른쪽

가이드 풀리의 이끝이 지나치게 디레일러 행더에 붙으면
톱니가 제대로 맞물리지 않아 한 단 무거운 기어로 자동적
으로 변속될 우려도 있으므로 주의한다.

로우 측의 디레일러 조정

1 케이블의 장력 상태를 확인한다. 일단 톱 기어로
되돌린 다음 실행한다.

2 앞뒤 모든 기어에 넣으면서 변속예 바르게 되
지는 확인한다. 디레일러의 위치가 올바르면
케이블의 장력을 조정하는 것만으로 OK.

3 | 손으로 케이블을 잡아당겨 케이블의 장력을 세게 하면서 로우 측의 조정 나사를 돌려 가이드 풀리의 위치를 조정한다.

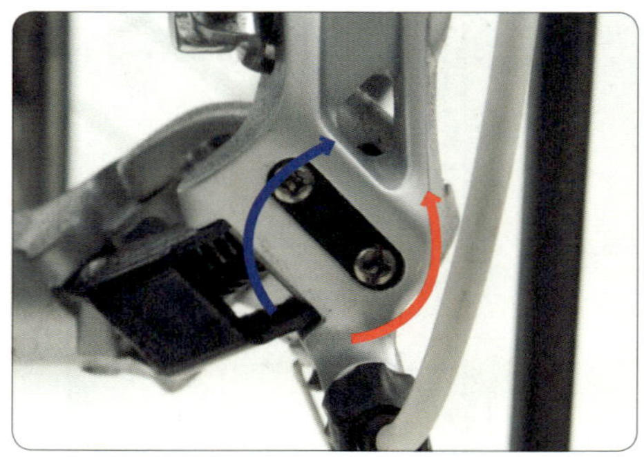

4 | 로우 측의 조정 나사. 드라이버로 돌림으로써 가이드 풀리의 위치를 조정할 수 있다.

5 | 가이드 풀리가 휠 측과 바깥 측으로 이동한다.

▶ 인덱스 조정

1 | 시마노의 디레일러의 경우는 5단 째에 기어를 케이블에 넣고 텐션을 조정해 나간다.

2 | 크랭크를 돌리면서 어저스터도 돌려 케이블의 장력을 조정한다. 4단 째로 이동했다면 케이블을 너무 당겼다. 어저스터를 조여 케이블의 장력을 느슨하게 한다.

3 | 마지막으로 크랭크를 돌리면서 각 기어에 변속을 하여 잡음이 나지 않는지, 올바르게 변속이 되는지를 확인한다.

► B텐션의 조정

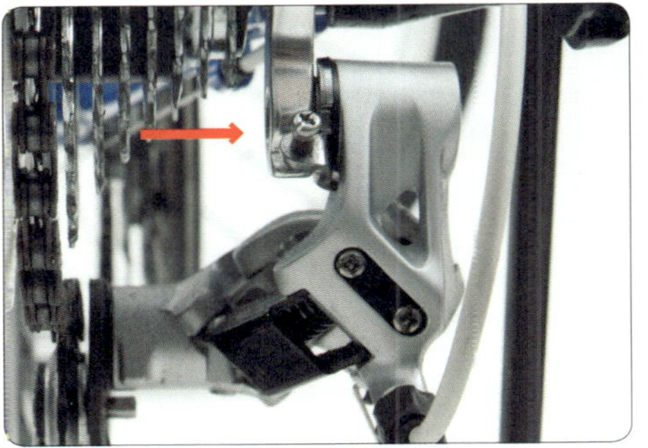

1 다음으로 텐션 풀리의 텐션을 조정하는 B텐션 볼트를 조정한다. 리어 기어를 로우, 프런트 기어를 이너로 하여 조정한다.

3 시계방향으로 돌리면 볼트가 조여져 풀리가 스프로켓에서 멀어진다. 반시계방향으로 돌리면 느슨해져 스프로켓에 가까워진다.

가이드 풀리의 올바른 위치

2 디레일러 장착 볼트의 위에 있는 작은 나사가 B텐션 조정 볼트이다.

텐션 풀리의 올바른 위치

이것이 적정한 위치다. 잡음이 나지 않는 범위 내에서 스프로켓에 가장 가까워진 상태가 정답이다.

텐션 풀리의 잘못된 위치

지나치게 가까움

텐션 풀리가 스프로켓에 너무 가까워지면 체인이 텐션 풀리와 스프로켓에 끼여 절그럭하는 잡음이 난다.

지나치게 떨어짐

텐션 풀리가 스프로켓에서 너무 떨어지면 텐션 풀리에서 체인이 탈락하여 디레일러에 휘감긴다.

Part 8 변속장치

난이도 ★★☆　　작업시간 30분

원활한 변속을 위한
앞 디레일러 조정

디레일러 조정 순서는 뒤 디레일러를 조정하고 나서 앞 디레이러를 조정한다. 앞 디레일러는 체인 가이드가 좌우로 움직인으로써 체인을 탈선시켜 기어 체인지를 한다. 체인 가이드의 조정이 1mm라도 어긋나면 체인이 빠져버리므로 그 점에 주의하며 관리하자.

필요한 공구

육각렌치

프런트 디레일러의 조정 준비

크랭크의 기어의 조금 위에 있는 변속기가 앞 디레일러다.

사진은 프런트 측의 시프터에 있는 어저스터다. 케이블의 텐션을 느슨하게 한다.

두 개의 나사는 디레일러 조정을 하는 조정 볼트다. 아우터 측에 'HIGH' 이너 측에 'LOW'라고 적혀 있다. 표시가 없는 경우에는 확인하자.

나사를 시계방향으로 돌리면 아우터 측으로 반시계방향으로 돌리면 이너 측으로 디레일러가 이동한다.

▶ 디레일러의 위치 조정

1 앞 디레일러의 케이블을 뗀다. 디레일러의 반대쪽에서 육각렌치를 사용하여 케이블 고정나사를 느슨하게 한 뒤 케이블을 떼어낸다.

2 디레일러의 위치를 조정할 때 작업하기 쉽도록 케이블이 느슨해진 상태.

3 앞 디레일러를 바로 위에서 봤을 때 아우터 기어와 평행이 되어 있는 상태가 올바르다.

4 옆에서 봤을 때 가이드 플레이트와 아우터 기어가 2mm정도 비어 있는 상태가 올바르다.

5 디레일러를 평행으로 한다. 밴드식의 경우는 디레일러와는 반대 측에 크랭크의 볼트가 있으므로 볼트를 느슨하게 하여 디레일러를 움직인다.

6 디레일러 전체를 꽉 잡고 움직인다 클램프는 완전히 풀지 않고 상하좌우로 최소한 움직일 정도로 느슨하게 하여 올바른 위치가 되도록 조정한다.

▶ 이너 측 디레일러의 가동폭 조정

디레일러의 올바른 위치

디레일러와 이너 플레이트가 접촉하지 않는 최소 위치로 한다. 기어판이 구부러져 있지 않으면 1mm정도 떨어진 상태가 올바른 위치다.

너무 바깥쪽에 붙음

너무 바깥쪽에 붙어버린 경우에는 디레일러의 아우터 플레이트와 체인이 접촉하므로 NG.

디레일러의 잘못된 위치

너무 안쪽에 붙음

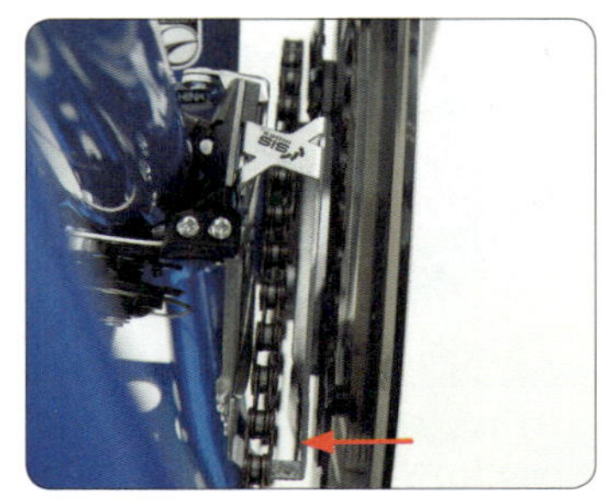

너무 안쪽으로 붙어버린 경우에는 이너 플레이트와 체인이 접촉한다.

가동역 조정 방법

1 디레일러의 가동 범위를 조정한다. 먼저 기어를 이너 체인링 × 로우 기어 상태로 한다.

2 로우 조정 볼트를 돌려 올바른 위치로 디레일러를 움직인다. 시계방향은 바깥쪽으로, 반시계방향은 안쪽으로 움직인다.

3 크랭크를 돌려 체인이 디레일러의 안쪽에 닿지 않는지 확인한다. 닿아 있으면 다시 볼트를 돌려 위치를 조정한다.

▶ 아우터 측 디레일러의 가동폭 조정

디레일러의 올바른 위치

이것이 올바른 위치다. 디레일러의 바깥 측과 체인에 1mm정도의 간격이 있음을 알 수 있다.

디레일러의 잘못된 위치

너무 바깥쪽에 붙은 경우 아우터 플레이트와 체인의 사이가 크게 비어 있다.

너무 안쪽에 붙은 경우 아우터 플레이와 체인이 접촉한다.

가동역 조정 방법

1 먼저 케이블을 앞 디레일러에 설치한다. 차종에 따라서는 설치 위치나 케이블 루트가 정해져 있는 경우가 있으므로 주의하자.

2 다음으로 기어를 아우터 체인링 × 톱 기어 상태로 한다.

3 아우터 조정 볼트를 돌려 위치를 조정한다. 아우터 조정 볼트는 이너 조정 볼트으 반대 측에 있다.

▶ 인덱스 조정

1 │ 먼저 기어를 미들 체인링 × 톱 기어로 한다.

2 │ 아우터 플레이트에 체인이 닿지 않도록 어저스터를 돌려 케이블의 장력을 조정한다.

3 │ 케이블의 장력 조정이 끝나면 시프터를 움직여 올바르게 변속되는지 확인한다.

4 │ 어저스터를 돌려 케이블의 텐션을 올리면서 그때마다 크랭크를 돌려 변속한다. 각 기어에 들어갔을 때 잡음이 나지 않고 바르게 변속하면 OK.

POINT

체인을 X자로 거는 것에 주의!

프런트 기어가 이너 체인링 × 리어가 톱 기어, 또는 프런트가 아우터 체인링 × 리어가 로우 기어와 같이 체인이 극단적으로 기울어져 걸린 기어의 조합은 기어의 소모나 변속 트러블의 가능성이 상당히 높다. 컴포넌트에 따라서는 금지하고 있는 것도 있으므로 되도록 사용하지 않도록 하자.

Part 8 변속장치

난이도 ★★☆　　조절시간 30분

디레일러 조정이 잘 되지 않을 때는
디레일러 행어의 교환

디레일러를 조정해도 제대로 변속되지 않을 경우는 디레일러 행어가 휘어졌을 가능성이 있다. 특히 넘어졌을 때 디레일러 행어는 휘기 쉬우므로 문제가 발견되면 교환하자.

필요한 공구

육각렌치　　패그 스패너

디레일러 행어

디레일러 행어란 뒤 디레일러를 프레임에 고정하는 쇠장식을 말한다.

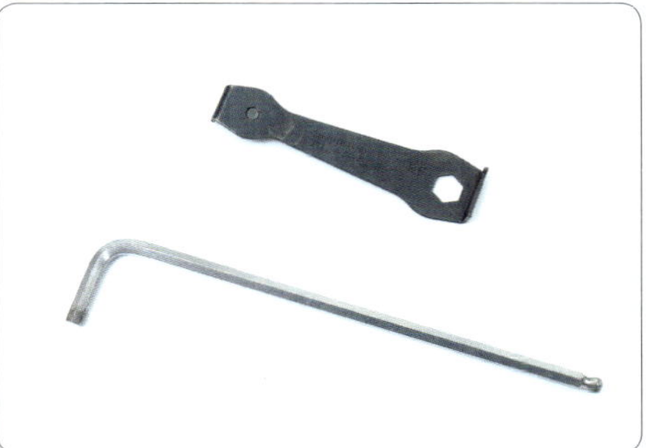

위는 패그 스패너라고 하며 크랭크 핀으로 체인링을 고정시키기 위한 자전거 전용공구다. 볼트를 조일 때 나사 쪽이 돌아가는 것을 막는 데에 사용한다.

▶ 디레일러 행어의 교환

디레일러 행어의 휘어짐을 확인한다.

1 넘어지거나 큰 기어비에 의해 힘이 가해지거나 지속적으로 작은 힘이 가해지면 디레일러 행어가 휘는 경우가 있다. 그럴 때 변속이 제대로 되지 않는다.

2 뒤에서 봤을 때 가이드 풀리가 안쪽으로 들어가 있으면 디레일러 행어가 휘어졌다는 증거다. 디레일러를 조정해도 고쳐지지 않으므로 교환하자.

디레일러 행어를 떼어낸다.

1 | 퀵 릴리스 레버를 느슨하게 한다.

2 | 퀵 릴리스 레버를 느슨하게 한 다음 휠을 띄워
그대로 한 번에 밀어서 뗀다.

3 | 다음으로 프레임을 스탠드에 고정한다. 뒤 디
레일러와 프레임 사이에 있는 플레이트가 디
레일러 행어다.

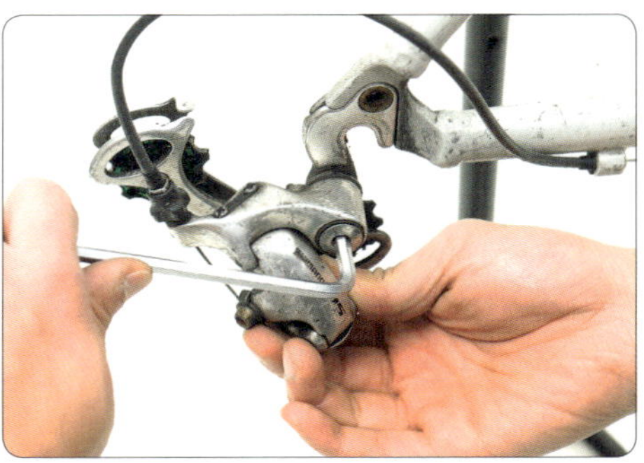

4 | 육각렌치를 사용하여 뒤 디레일러의 고정 볼
트를 느슨하게 한다.

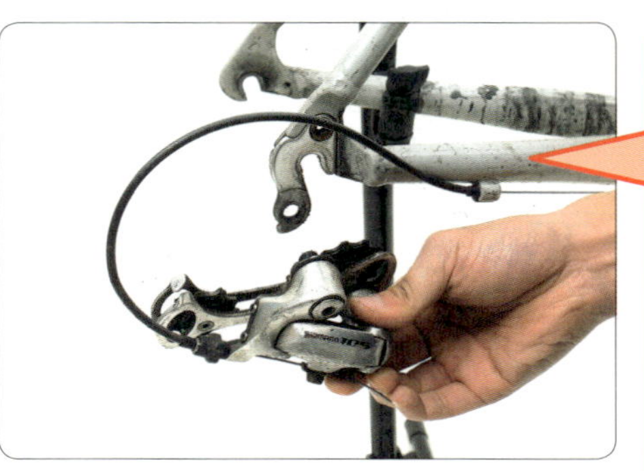

5 | 완전히 나사가 풀릴 때까지 느슨하게 하고 뒤
디레일러를 떼어낸다.

디레일러 행어의 끝이 프레임 안쪽으로 크게
휘어 손상되어 있다.

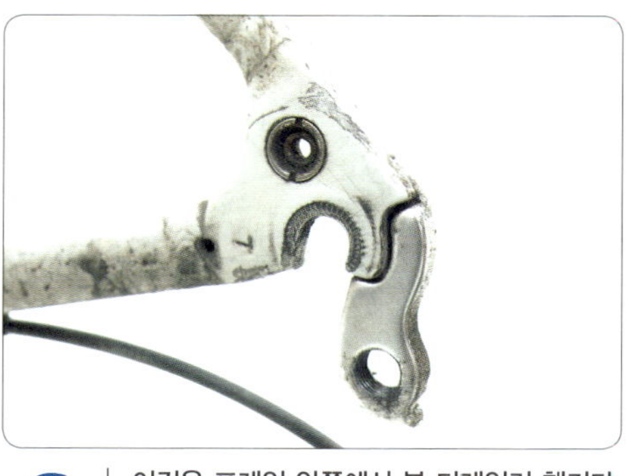

6 이것은 프레임 안쪽에서 본 디레일러 행거다. 나사 부분에 자국이 나있다.

7 나사의 자국에 패그 스패너를 넣어 움즈이지 않도록 고정한다.

8 나사의 반대 측에 붙어 있는 볼트를 육각렌치로 느슨하게 하여 디레일러 행어를 떼어낸다.

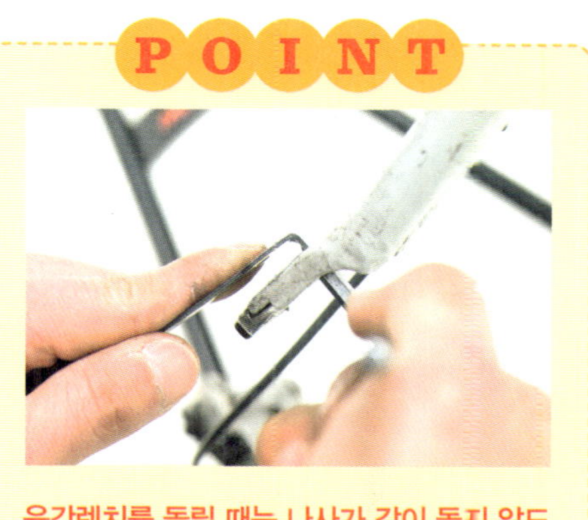

육각렌치를 돌릴 때는 나사가 같이 돌지 않도록 패그 스패너를 꽉 누른다.

새로운 디레일러 행거를 장착한다.

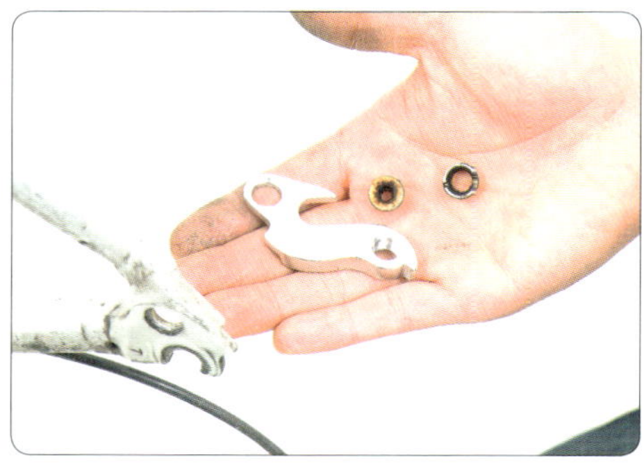

1 디레일러 행어를 구입하면 볼트와 나사도 딸려 온다.

2 프레임에 디레일러 행어를 장착한다. 디레일러 행어는 제조회사나 차종에 따라 적합한 형태가 다르다.

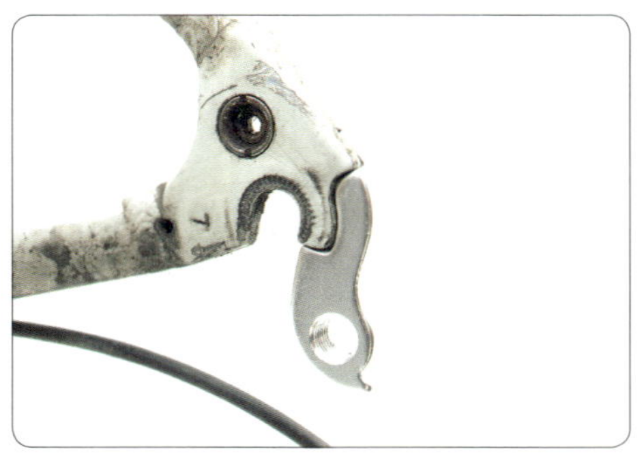

3 디레일러 행어를 장착하고 나사를 볼트 구멍에 넣는다.

4 패그 스패너로 나사를 붙잡고 반대 측에서 볼트를 넣어 육각렌치로 설치한다.

5 디레일러 행어를 설치하면 뒤 디레일러를 원래대로 되돌린다.

6 육각렌치를 써서 뒤 디레일러의 고정 볼트를 조여서 고정한다.

7 휠을 원래대로 되돌리고 반드시 퀵 릴리스 레버를 잠근다.

8 디레일러 행어를 설치한 다음은 뒤 디레일러 자체의 위치가 달라져 있을 가능성이 있으므로 반드시 조정을 하는 것이 좋다.

프레임의 소재에 따른 차이

알루미늄 프레임의 경우

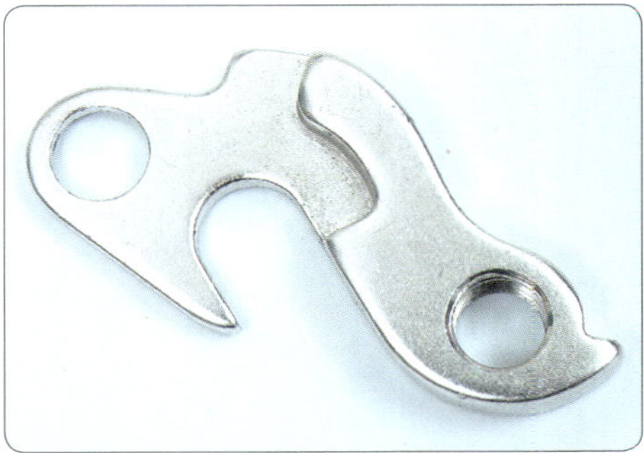

알루미늄 프레임의 경우 교환식 디레일러 행어를 사용하고 있는 프레임이 주류를 이룬다.

디레일러 행어는 교환 가능하지만 나사산이 맞지 않기 쉬우므로 주의한다.

카본 프레임의 경우

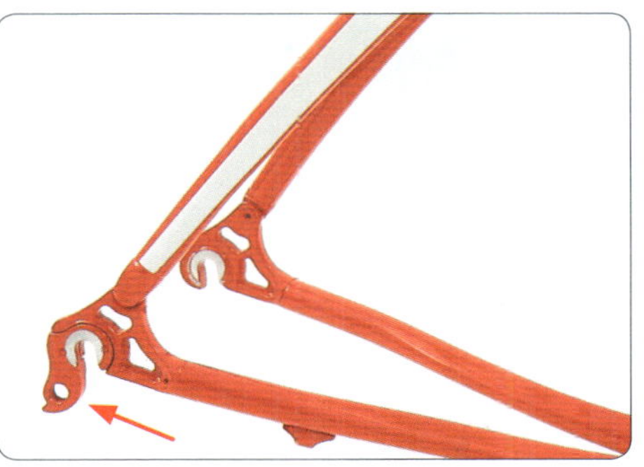

카본 프레임의 경우는 프레임 일체형 디레일러 행어를 채용하고 있는 것이 있다.(사진) 또한 알루미늄제 교환식을 채용하고 있는 것도 있다.

프레임 일체형 디레일러 행어의 교환은 불가능하다. 알루미늄 교환식 디레일러 행어를 사용하고 있는 것은 교환할 수 있다.

크로몰리 프레임의 경우

크로몰리 프레임의 디레일러 행어는 프레임과 일체형이 되어 있는 것이 대부분이다.

크로몰리는 소재의 특성상 점착력이 있으므로 몇 번의 수정은 가능하다. 다만 수정 시 나사산이 상하지 않도록 조심해야 한다.

Part 9

페달 · 체인

Part 9 페달·체인

자전거의 동력을 만들어내는
페달 주변의 구조

페달과 크랭크는 동력을 만들어내는 중요한 역할을 하고 있다. 페달을 밟음으로써 크랭크에 힘이 가해지고 회전하여 그 동력이 체인을 통해 휠에 전달되는 것이다.

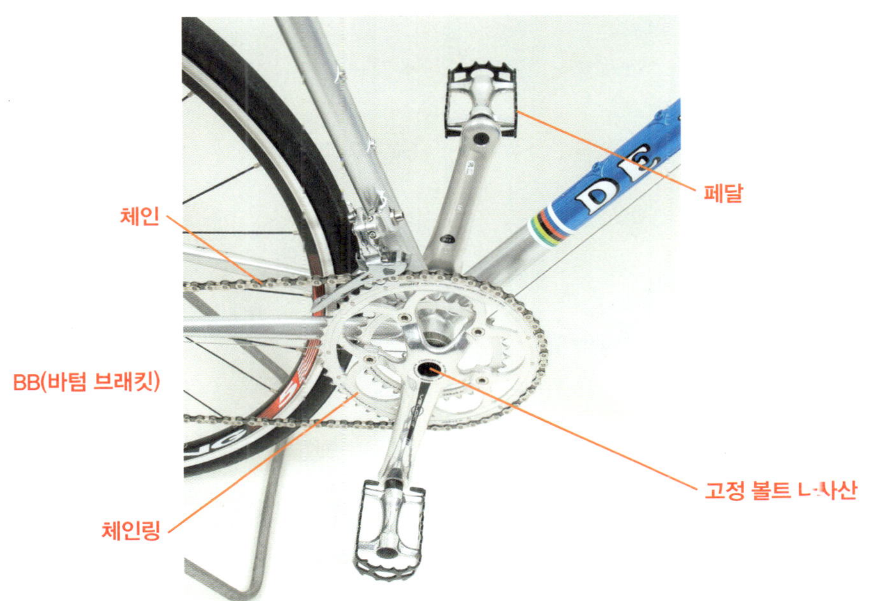

BB(바텀 브래킷)란?

크랭크를 설치하는 축으로 안에는 베어링이 들어 있다. 테이퍼 타입은 크랭크와 축이 일체화되지 않은 타입이다.

최근에는 사진의 시마노 '홀로테크2'오-같이 크랭크와 축이 일체화된 것이 주류가 되고 있다.

Part 9 페달·체인

난이도 ★☆☆　　작업시간 10분

부품의 소모를 막기 위한
페달과 크랭크 조정

페달과 크랭크가 흔들리면 페달의 나사산이 파손되거나 빠진다. 특히 크랭크의 흔들림은 바텀 브래킷을 망가뜨릴 가능성이 있으므로 크랭크 고정 볼트의 조이는 것이 중요하다. 부품을 오래가게 하기 위해서 메인터넌스를 확실하게 하자.

필요한 공구

페달 렌치

육각렌치

▶ 페달의 종류

플랫 페달

페달에는 크게 두 종류가 있으며 플랫 페달은 자전거 전용 슈즈 이외에도 밟는 면이 평평한 페달이 있다. 대부분은 페달 렌치로 탈착한다.

바인딩 페달

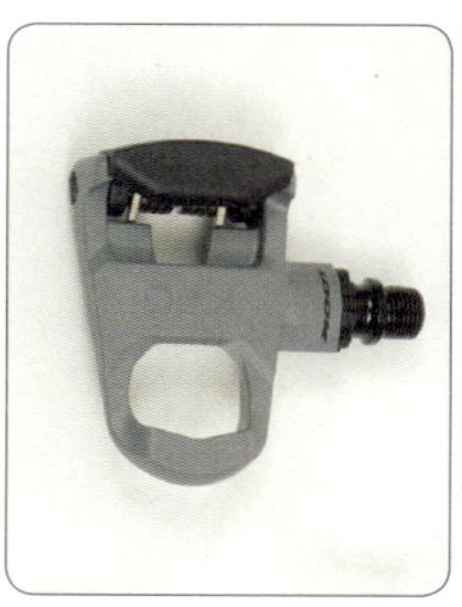

페달에 자전거 전용 슈즈를 고정하는 것이 바인딩 페달이다. 페달에는 슈즈를 고정하는 쇠장식이 달려 있다.

▶ 페달의 조정

페달 렌치로 조정하는 방법

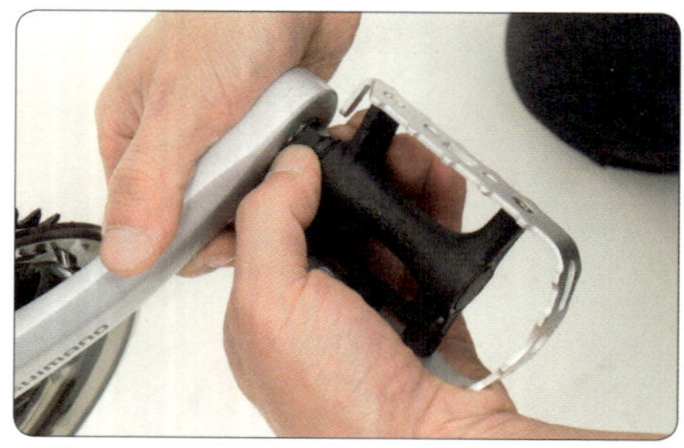

1 페달이 크랭크에 제대로 장착되어 있지 않으면 한창 달리고 있는 도중에 페달이 빠져버리는 사고가 발생할 수 있다. 흔들림이 없는지 확인한다.

2 페달의 조임이 느슨하고 흔들림이 있으면 페달 렌치(사이즈는 15)를 사용하여 조인다.

육각렌치로 조정하는 방법

1 바인딩 페달은 페달 렌치와 육각렌치 모두로 고정할 수 있는 타입이 있다.

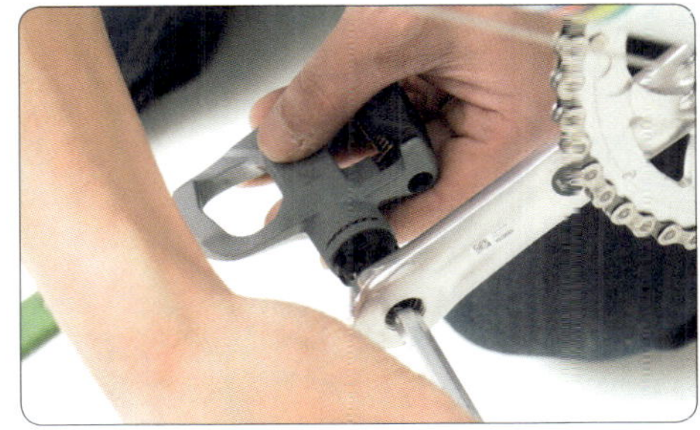

2 크랭크의 안쪽에서 육각렌치를 끼워 넣어 나사를 돌린다. 8mm나 6mm의 육각렌치로 떼어내는 것이 많다.

▶ 크랭크 조정

크랭크의 흔들림 확인

1 크랭크가 흔들리면 크랭크와 바텀 브래킷의 접합부분이 마모되어 교환 시기를 앞당긴다. 정기적으로 확인하자.

2 크랭크를 위아래로 흔들어서 흔들림이 없는지 확인한다. 가로 방향으로도 흔들어 확인한다.

크랭크 고정 볼트 조이기

1 오른쪽 크랭크는 어느 쪽이든 시계방향으로 볼트를 돌리면 조일 수 있다.

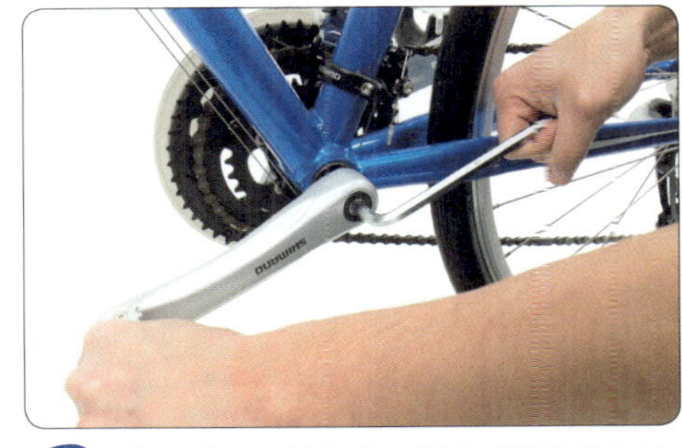

2 크랭크 고정 볼트를 조인다. 감합의 마모로 느슨해져 있는 경우가 있으므로 크랭크오· 바텀 브래킷의 교환이 중요하다.

Part 9 페달·체인

난이도 ★★☆　　작업시간 10분

전철 등으로 자전거를 옮길 때 알아두면 편한
페달의 교환과 탈착

자전거를 전용 가방에 넣을 때나 차에 실을 때 페달을 떼면 자전거가 콤팩트해진다. 페달의 탈착에 필요한 공구는 페달 렌치이지만 개중에는 육각렌치가 사용되는 페달도 있다. 하지만 육각렌치로 조이는 것은 큰 힘을 필요로 한다.

필요한 공구

페달 렌치

육각렌치

▶ 패달 렌치로 페달을 떼어낸다.

필요한 도구

이것은 자전거 전용 공구인 페달 렌치와 교환용 플랫 타입 페달이다. 사진 이외에도 그리스, 스탠드, 블록 등을 준비한다.

페달을 고정한다.

1 먼저 자전거의 스탠드를 풀고 휠이 바닥에 닿은 상태로 만든다. 이것은 페달을 교환할 때 휠이 회전하지 않도록 하기 위함이다.

2 페달이 움직이지 않도록 하기 위해 높이 20~30cm의 블록을 준비하여 후방에 있는 페달 밑에 둔다.

페달을 떼어낸다.

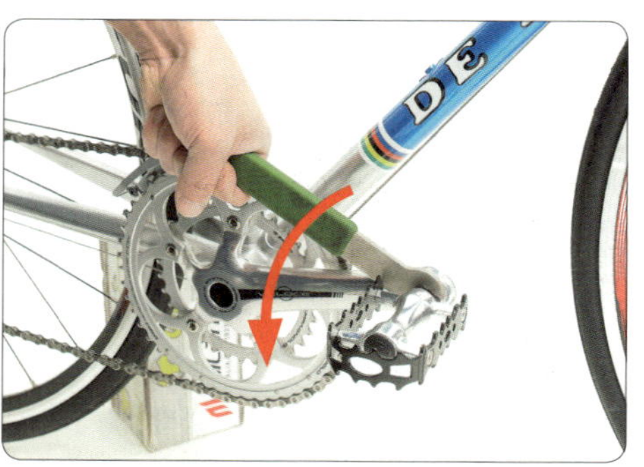

1 페달의 근원에 페달 렌치를 설치한다. 페달은 빡빡하게 고정되어 있으므로 아래로 세게 누른다. 일단 느슨해지면 쉽게 손으로 떼어낼 수 있다.

블록이 없을 때는 브레이크를 쥐고 페달에 발을 걸어 휠을 고정한다. 사진과 같이 페달 렌치를 설치하여 떼어낸다.

2 자전거 스탠드를 다시 걸고 휠이 회전할 수 있는 상태로 만든다.

3 페달 축을 손으로 잡고 진행방향으로 크랭크를 빙빙 돌리면 페달이 쉽게 빠진다.

4 반대 측 페달도 진행방향으로 크랭크를 돌려 페달을 떼어낸다.

5 페달이 빠지면 페달을 고정하고 있던 볼트의 구멍 부분의 오염을 깨끗이 닦아낸다.

6 그 다음 구멍 부분에 그리스를 빈틈없이 듬뿍 바른다. 나사가 고착되어 풀리지 않게 되므로 페달 교환 시에는 항상 그리스를 바른다.

페달을 장착한다.

1 페달에는 사진과 같이 좌(L), 우(R)가 있다. 페달 렌치를 끼워 넣는 부분에 표시되어 있으므로 장착하기 전에 반드시 좌우를 확인하자.

2 나사산을 망가뜨리지 않도록 신중하게 페달을 틀어박는다. 이때 나사가 비스듬하게 들어가 있지 않은지 주의하자.

3 페달이 어느 정도 들어가면 손으로 페달 축을 잡고 후방으로 크랭크를 돌리면 쉽게 장착할 수 있다.

4 마지막은 페달 렌치로 세게 나사를 조인다. 조일 때는 나사를 자전거의 전방으로 돌린다.

POINT

오른쪽 페달의 나사를 돌릴 때는 페달을 손으로 잡고 크랭크를 반시계방향으로 돌리면 페달을 장착할 수 있다.

페달을 밟을 때 나사가 느슨해지지 않도록 왼쪽 페달의 나사는 평소와 반대로 돌린다. 페달의 나사를 조이기 위해 크랭크는 시계방향으로 돌린다.

육각렌치가 사용되는 페달의 경우

볼트의 형태를 확인한다.

페달의 볼트 안쪽이 육각형으로 되어 있는 경우는 육각렌치를 사용하여 페달을 교환할 수 있다.

이것은 육각렌치를 쓸 수 없는 타입의 플랫 페달이다. 안쪽 형태가 원형이다.

육각렌치를 사용하여 페달을 단다.

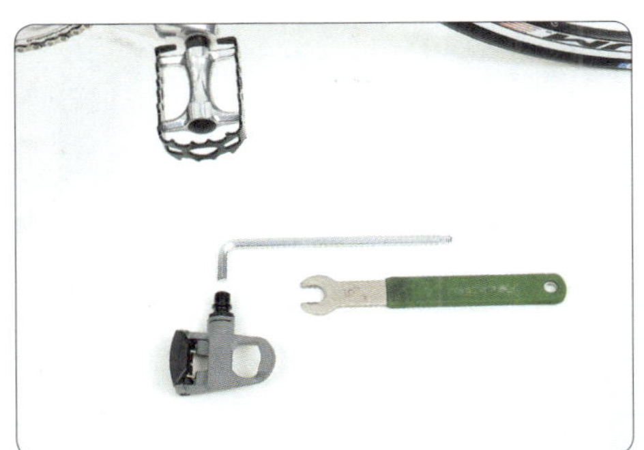

1 바인딩 페달은 육각렌치를 쓸 수 있지만 마지막에 강하게 조여지지 않을 가능성이 있으므로 되도록 페달 렌치를 사용한다.

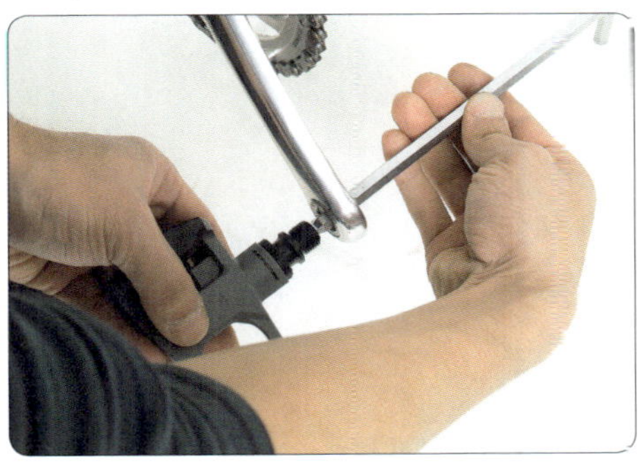

2 크랭크의 안쪽에서 육각렌치를 꽂는다. 이때 기울어지지 않도록 주의한다.

3 다음은 나사산을 손상시키지 않도록 육각렌치로 조여 간다.

4 육각렌치는 페달 렌치보다 세게 조여지지 않으므로 마지막까지 힘을 넣어 꽉 조이도록 하자.

Part 9 페달·체인

난이도 ★★☆ 작업시간 20분

커스텀에 관심이 있다면 알아둬야 할
크랭크 교환

체인링 교환 시나 체인이 이너 기어의 안쪽에 물려 들어갔을 때에는 크랭크를 탈착해야 한다. 또한 힐 클라임 레이스에 참가할 때는 기어가 작은 콤팩트 크랭크가 필요해지므로 교환 방법을 알아두면 좋다.

필요한 공구

몽키스패너　육각렌치　옥타링크용 어댑터

망치　크랭크 분리 공구

▶ 크랭크의 종류

일체형 크랭크(시마노 홀로테크2 등)

1 크랭크와 회전축의 일체형 크랭크. 일체화함으로써 부품을 적게 하고 경량화와 고강성을 실현한 시마노의 상품이다.

2 홀로테크2 특유의 크랭크 회전축을 고정하는 바텀 브래킷(BB)

일반적인 크랭크

1 BB에 회전축이 장비되어 있고 거기에 크랭크를 장착하는 타입이다. 크랭크를 떼어낼 때는 크랭크 분리 공구라는 전용공구가 필요해진다.

2 이것은 BB의 형태가 사각형인 테이퍼 타입이다. 이밖에 옥타링크라고 불리는 팔각형 등 다양한 형태가 있다.

▶ 일체형 크랭크의 경우

좌측 크랭크를 떼어낸다(시마노제 등).

1 준비할 것은 육각렌치와 옥타링크용 어댑터. 크랭크캡은 홀로테크2에서 사용하는 전용 공구다.

2 체인링과는 반대쪽의 크랭크의 볼트를 느슨하게 한다. 뒤에는 볼트가 달려 있으므로 잊지 말고 느슨하게 한다.

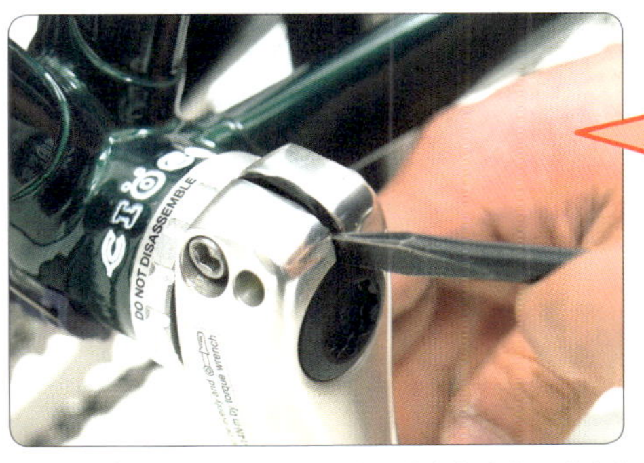

3 틈새에는 안전클립이 들어있어 일자 드라이버 등의 가는 공구로 신중하게 그 안전클립을 들어올린다.

4 안전클립은 무척 작아 완전히 끄집어내면 잃어버리는 경우가 있다. 사진과 같은 상태로 해두자.

5 왼쪽의 크랭크를 떼어내기 위한 시마노의 전용 공구를 준비한다.

6 옥타링크용 어댑터를 장착하고 손으로 돌린다.

7 계속 돌리면 캡이 빠진다.

8 체인링과는 반대쪽의 크랭크가 빠진다.

옥타링크용 어댑터에 크랭크캡이 합체되어 빠진다.

체인링 쪽의 크랭크를 떼어낸다.

1 리어 기어를 톱에 넣고 프런트의 체인은 빼서 바텀에 걸쳐둔다.

2 반대쪽 크랭크가 빠질 수 있도록 체인이 느슨해진 상태.

3 끝이 부드러운 목제나 플라스틱 망치를 준비한다. 쇠망치는 회전축을 손상시켜버리므로 NG.

4 망치로 회전축을 부드럽게 두드려 크랭크를 민다. 이때 체인링이 떨어지지 않도록 손으로 잡고 작업하자.

5 마지막에는 손으로 빼낸다. 빼기 어렵지만 조금씩 세심하게 작업하자.

회전축의 돌기 분만큼 체인링이 미끄러져 움직인다. 회전축을 망가뜨리면 부품 전체를 교환해야 하므로 주의하자.

체인링 쪽의 크랭크를 장착한다.

1 교환하고 싶은 크랭크를 BB 구멍어 회전축을 끼워 넣는다.

2 어느 정도 들어가면 손바닥으로 흠을 줘서 민다. 좀처럼 들어가지 않을 때는 손바닥으로 두드려도 좋다.

좌측 크랭크의 장착

1 회전축에는 크랭크를 찔러 넣는 위치를 나타내는 마크가 있다.

2 회전축의 마크에 크랭크의 안전클립을 맞추고 크랭크를 장착한다.

3 옥타링크용 어댑터를 장착하고 손으로 돌려 크랭크캡을 단다. 움직이지 않을 때까지 돌려서 잠글 것.

4 크랭크의 틈새에 있는 안전클립을 원래 위치로 되돌린다. 이것을 잊어버리면 볼트를 조일 수 없게 된다.

5 크랭크의 볼트를 육각렌치로 조이고 반대쪽도 조인다.

6 마지막으로 체인을 체인링에 끼우면 완료.

▶ 일반적인 크랭크의 경우

크랭크를 떼어낸다.

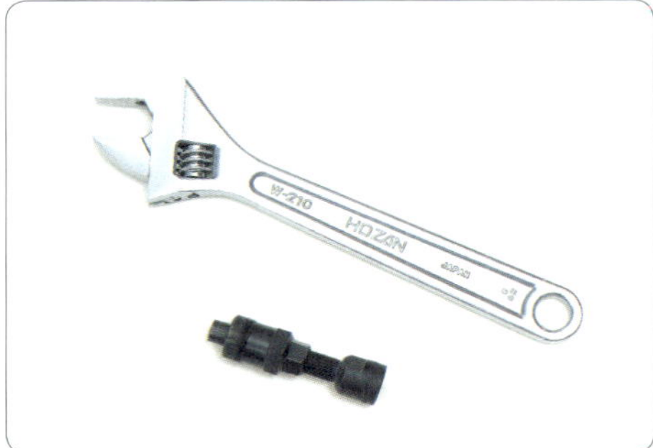

1 몽키스패너와 전용 공구인 크랭크 분리 공구를 준비한다. 크랭크 분리 공구란 크랭크를 크랭크 축에서 떼어내기 위한 공구를 말한다.

2 체인링 쪽 중앙의 볼트를 육각렌치로 푼다. 같이 돌지 않도록 페달을 손으로 꽉 붙잡는다.

3 어느 정도 느슨해지면 손으로 볼트를 돌려서 뺀다.

4 다음은 중앙의 BB 구멍 부분에 크랭크 분리 공구를 끼워 넣는다. 손으로 조일 수 있는 부분까지 조인다.

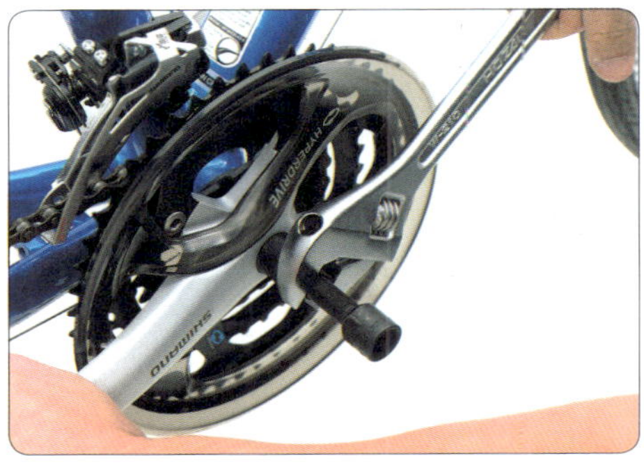

5 크랭크 분리 공구의 본체 부분을 콩키스패너로 꽉 조인다.

6 같이 돌지 않도록 페달을 꽉 붙잡고 선단의 나사 부분을 몽키스패너로 착실하게 꽉 조여간다.

7 리어 측의 기어를 톱으로 하고 프런트 측의 체인을 벗긴 다음 BB 부분에 걸어 체인이 느슨해진 상태로 만든다.

8 크랭크 분리 공구를 손으로 붙잡고 체인에 주의하면서 크랭크를 떼어낸다.

9 이것이 크랭크가 빠진 상태다.

10 회전축 부분을 천으로 깨끗하게 닦은 다음 그리스를 바른다. 손끝으로 구석구석 바르면 좋다.

11 몽키스패너를 확실하게 끼워 넣고 크랭크 분리 공구를 빼낸다.

크랭크 장착

1 회전축의 구멍에 들어가도록 크랭크를 장착한다.

2 볼트를 중앙의 구멍에 장착하고 육각련치로 꽉 조이면 완료.

토크 렌치를 사용할 경우

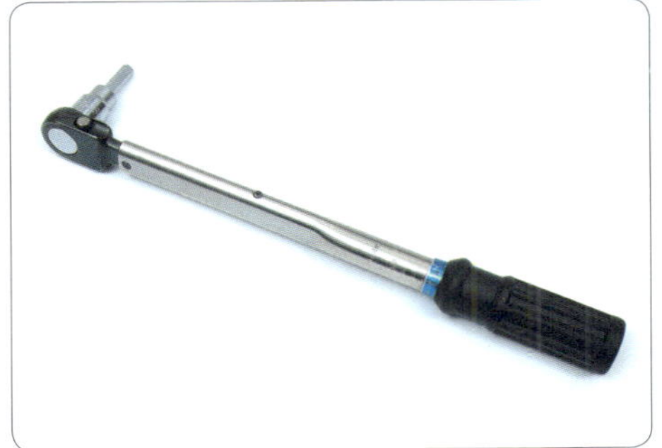

1 볼트를 조이는 전용 공구인 토크 렌치가 있는 경우에는 이 공구를 사용할 것을 권한다.

2 사진과 같이 토크 렌치를 중앙의 구멍에 장치하고 토크를 돌리는 것만으로 설치 할 수 있자.

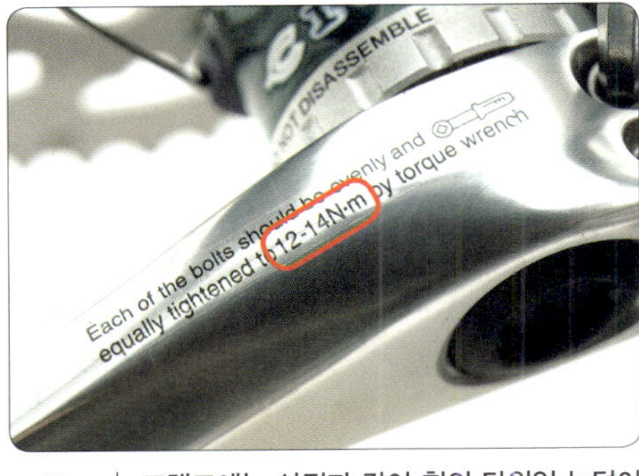

3 크랭크에는 사진과 같이 힘의 단위인 뉴턴이 표시되어 있다. 이것은 12~14뉴턴으로 조인다는 의미이다.

4 토크 렌치는 조이는 단위대로 볼트를 조일 수 있는 전용 공구다. 조일 곳에 지정된 수치에 눈금을 맞추는 것만으로 사용할 수 있다.

Part 9 페달·체인

난이도 ★★☆　　　작업시간 30분

체인이 노화 되면
체인을 교환하자

체인은 소모품이다. 시간이 지나면 늘어나거나 기어에 닿아 닳는다. 또한 손질이 나쁘면 녹스는 경우도 있으므로 정기적으로 교환하여 쾌적한 페달링을 하자.

필요한 공구

 체인 커터　 육각렌치　 프라이어

▶ 체인 교환 준비

체인 교환에 필요한 것

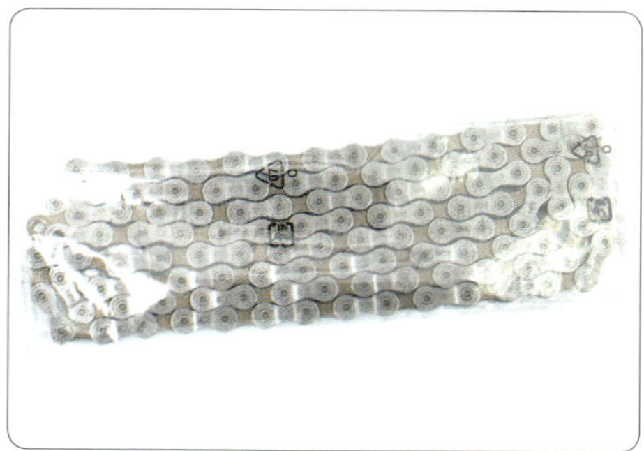

자전거의 컴포넌트에 적합한 체인을 구입한다. 체인에는 오일이 칠해져 있으므로 교환 시까지 봉투에 넣어둔다.

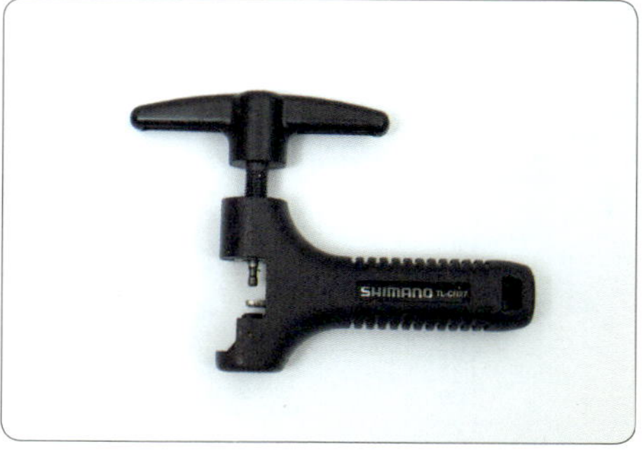

체인 전용 공구인 체인 커터. 체인을 자르는 것이 아니라 체인끼리 연결하고 있는 핀을 뽑는 도구다.

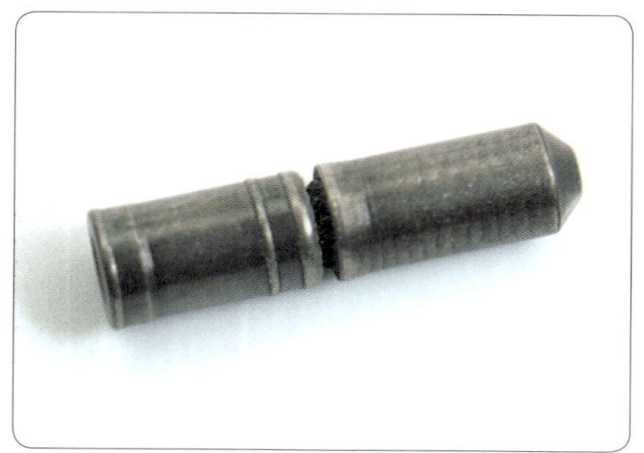

체인 연결핀은 체인을 접합하기 위한 핀이다. 체인 구입 시 반드시 딸려 있지만 크기가 무척 작으므로 잃어버리지 않도록 주의하자.

체인을 떼어낸다.

리어 기어를 톱에 넣고 가이드 풀리를 자전거의 전방으로 끌어당겨 완전히 느슨해진 상태로 만든다. 손은 그대로 두고 프런트의 체인을 벗긴다.

＊사진은 체인 교환 공정을 보기 쉽게 프런트 디레일러를 벗긴 것이다.

▶ 체인 교환

체인을 분리한다(체인의 핀을 뽑는다).

1 체인을 연결하고 있는 핀이 중심이 되도록 체인 커터를 체인에 설치한다.

2 체인 커터의 나사를 돌리면 안에서 핀이 나와 체인에 들어 있는 연결핀이 밀려 나온다.

3 체인 커터를 빼고 체인을 잡아당기면 완전히 분리된다.

연결핀이 체인에서 빠진 상태

체인을 단다.

1 새로운 체인을 준비한다. 체인 선단에 있는 튀어 나온 핀은 바깥쪽을 표시하기 위한 것이다.

2 튀어 나온 핀이 자전거의 바깥쪽에 오도록 체인을 설치한다.

3 뒤 디레일러에 체인을 통과시킨다. 뒤 디레일러는 복잡한 구조이므로 신중하게 체인을 통과시켜 가자.

체인의 길이 조정

1 프런트 기어를 아우터 체인링, 리어 기어를 톱 기어로 하여 체인이 자전거와 평행이 되도록 한다.

2 체인의 길이를 결정하는 포인트는 가이드 풀리의 위치다. 사진의 상태가 적정 위치다. 체인의 장력을 바꿔 길이를 조정하자.

사진의 체인 길이는 가이드 풀리가 너무 뒤로 가므로 NG.

사진과 같이 가이드 풀리가 너무 앞으로 오는 체인의 길이도 NG.

3 길이가 정해지면 체인의 선단에 돌기가 붙어 있는 측을 분리한다.

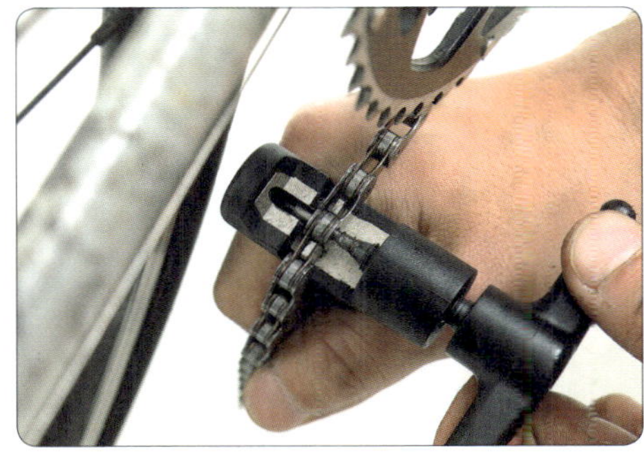

4 체인 커터를 설치하고 완전히 돌아가지 않을 때까지 나사를 돌려 분리한다.

연결핀 장착

1 분리했으면 구입한 체인에 부속되어 있는 연결핀을 준비한다.

연결핀을 체인에 설치할 때는 끝이 둥근 부분을 앞으로 오게 한다.

2 손으로 연결핀을 체인에 설치 한다. 한가운데 있는 홈 부분까지 원활하게 들어간다.

3 체인 커터를 설치하고 연결핀을 장착할 준비를 한다.

4 체인 커터의 나사를 움직이지 않을 때까지 돌려 연결핀이 완전히 설치된 상태로 만든다.

5 체인 커터의 나사의 반대쪽에 붙어 있는 부분을 핀에 끼워 넣고 핀을 꺾으면 완료. 너무 힘을 주지 않아도 절단할 수 있다.

6 절단한 연결핀의 나머지는 불필요하므로 적절하게 처분한다.

P O I N T

연결핀으로 연결한 체인 부분은 사진과 같이 움직임이 나쁘다.

플라이어 등으로 접합부의 양단을 붙잡아 위아래로 움직여 원활하게 움직이도록 하자.

Part 9 페달·체인

난이도 ★★☆　　작업시간 30분

주행 효율을 높이기 위한
스프로켓 교환

보다 빠르고 쾌적하게 자전거를 타기 위해서는 스프로켓을 교환하는 방법도 있다. 스프로켓의 장수, 이른바 기어의 단수는 6단에서 11단까지 있다. 소모품이기도 하며 기어의 조합에도 여러 종류가 있으므로 필요에 따라 스프로켓을 교환하자.

필요한 공구

몽키스패너

스프로켓 홀더

스프로켓 분리 공구

▶ 준비할 것

이것이 스프로켓이다. 기어의 단수나 프리 허브와 적합한지 확인하고 나서 교환하자.

사진의 맨 위의 캡처럼 생긴 것이 스프로켓 분리 공구다. 스프로켓을 교환할 때 사용한다. 나머지는 스프로켓 홀더와 몽키스패너다.

▶ 스프로켓 교환

후륜을 떼어낸다.

1 리어 기어를 톱에 넣는다.

2 프런트 기어는 이너에 넣고 체인의 장력을 약한 상태로 한다.

3 브레이크를 개방한다. 브레이크의 개방 방법은 p93을 참조하자.

4 후륜의 퀵 릴리스 레버를 개방하여 느슨하게 한다.

5 안장을 잡고 후륜 측을 들어 올려 휠을 떼어낸다.

6 후륜을 떼어냈으면 퀵 릴리스 레버를 떼어낸다.

7 전용 공구인 스프로켓 분리 공구를 준비한다.

8 스프로켓 중앙에 있는 락링에 스프로켓 분리 공구를 단다.

스프로켓을 떼어낸다.

1 가장 큰 기어(로우 기어)에 스프로켓 홀더를 설치한다.

2 스프로켓 분리 공구에 몽키스패너를 설치한다.

3 스프로켓 홀더가 움직이지 않도록 손으로 꽉 붙잡고 몽키스패너를 화살표 방향으로 돌린다.

4 느슨해졌으면 스프로켓 분리 공구는 손가락으로 돌려 떼어낼 수 있다.

5 스프로켓이 분해되지 않도록 손으로 붙잡고 천천히 떼어낸다.

그리스를 바른다.

1 스프로켓이 들어가 있던 프리 허브 부분을 걸레로 깨끗이 닦는다.

2 프리와 스프로켓 분리 공구가 들어가는 나사 부분에 그리스를 얇게 바른다.

스프로켓을 끼운다.

3 프리 허브 부분에 나 있는 요철 라인 중에 한 곳만 가늘게 되어 있는 곳이 있다. 그 부분을 위로 한다.

4 스프로켓의 안쪽 링에도 한 군데만 가늘게 되어 있는 홈이 있다. 장착할 때는 프리 부분과 링의 가는 부분을 맞춰서 포갠다.

5 다발이 되어 있는 스프로켓을 홈에 맞춰 장착하자.

스프로켓에 따라서는 분해되어 있는 타입도 있으므로 그런 경우에는 큰 기어부터 순서대로 한 장씩 끼워 간다.

락링을 설치한다.

1 스프로켓을 넣었으면 락링을 설치한다.

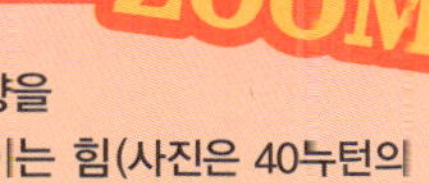

락링에는 조이는 방향을
표시한 화살표나 조이는 힘(사진은 40뉴턴의
힘)을 나타내는 표시가 있다.

2 락링을 조일 수 있는 데까지 조였으면 스프로
켓 분리 공구를 설치한다.

3 마지막으로 스프로켓 홀더로 세게 조인 다음
스프로켓 분리 공구를 떼어낸다.

4 후륜에 퀵 릴리스 레버를 단다.

5 후륜을 원래대로 되돌리고 퀵 릴리스 러버를
잠그면 완료.

Part 9 페달 · 체인

난이도 ★☆☆　　작업시간 5분

체인이 빠져도 당황하지 않는
필수 기술인 체인 걸기

'아우터 체인링×로우 기어'나 '이너 체인링×톱 기어' 등 체인이 X자 형태의 상태가 되면 체인이 빠지기 쉽다.(p176 참조) 또한 평범하게 변속했을 뿐인데 체인이 빠진 경우는 디레일러의 조정 불량이나 체인과 기어의 노화 등을 생각할 수 있다.

필요한 공구

페달 렌치

▶ 체인이 안쪽에 빠진 경우

1 │ 이것은 프런트의 체인이 기어 안쪽에 빠진 상태다.

2 │ 가이드 풀리를 전방으로 손으로 밀어 체인이 느슨해진 상태로 만든다. 빠진 체인을 손으로 끌어 올린다.

3 │ 체인을 기어에 건다. 만약 체인이 기어와 BB 사이에 끼어 뺄 수 없게 됐다면 크랭크를 떼어 낸다.

4 │ 체인을 원래대로 되돌리면 완료.

▶ 체인이 바깥쪽에 빠진 경우

1 프런트의 체인이 체인링의 바깥쪽에 빠진 상태다.

2 시프트 레버를 사용하여 프런트 기어를 이너로 한다.

3 그대로 페달을 손으로 1회전시키면 체인이 원래대로 돌아간다.

4 즉, 체인링의 바깥쪽에서 체인이 빠졌을 따는 손을 더럽히지 않그 체인을 다시 걸 수 있다

POINT

프런트가 아우터 ×리어가 로우인 경우(위에서 보면 교차가 되어 있는 상태)는 주행 중에 체인이 빠지기 쉬우므로 가급적 피하자.

왼쪽 사진과 반대로 프런트가 이너 ×리어가 톱인 상태도 체인이 빠지기 쉬워지는 '하면 안 될 기어비'이다.

209

서스펜션

Part 10 서스펜션

힘찬 라이딩을 지원하는
서스펜션의 구조

서스펜션은 지면으로부터의 충격을 흡수하는 작용이 있어 MTB를 중심으로 채용되고 있다. 기본 구조는 오일＆코일식과 에어식 두 종류가 있다. 충격흡수력이 매끄러운 에어식, 내구성이 뛰어난 오일식 등의 차이가 있다.

 프런트 서스펜션(코일)

 리어 서스펜션(에어)

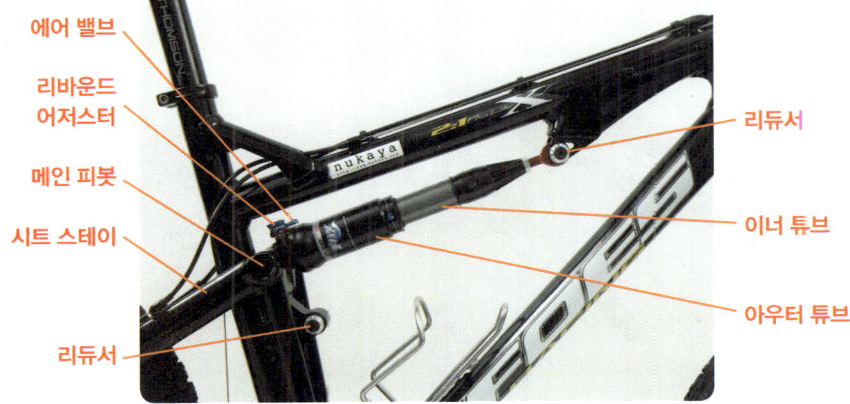

Part 10 서스펜션

난이도 ★☆☆　　작업시간 5분

쾌적한 라이딩을 유지하기 위한
서스펜션의 메인터넌스

서스펜션은 튼튼한 구조로 되어 있어 쉽게 이상이 발생하는 시스템이 아니다. 하지만 기본적인 관리를 소홀히 하면 움직임이 나빠져 충격흡수력이 약해지는 경우도 있다. 여기서는 혼자서 할 수 있는 일상적인 조정과 관리방법을 소개한다.

필요한 공구

오일

▶ 서스펜션의 종류

사진은 앞뒤로 서스펜션이 달린 풀 서스펜션 MTB.

최근의 MTB나 하이브리드는 프런트 서스펜션만 채용하는 모델이 늘고 있다,

리어 서스펜션은 모델에 따라 시트 스테이가 아닌 탑 튜브나 시트 튜브 등에 설치되어 다양한 스타일을 만들어 내고 있다.

서스펜션의 스트로크를 조정하는 다이얼. 서스펜션을 록아웃(고정)할 수 있지만 기종에 따라서는 록 기능이 없는 것도 있다.

▶ 오일 · 에어식 프런트 서스펜션의 주유

1 이것은 내유성, 내산화성, 내열성이 높은 실리콘 윤활제이다. 서스펜션의 주유에는 유지력이 강한 티탄 스프레이를 권한다.

2 에어스프링식의 서스펜션을 채용한 MTB.

3 서스펜션이 들어간 부분(이너 튜브)의 근원에 윤활제를 바른다.

4 서스펜션에 체중을 실어 눌러 보고 원활하게 움직이는지 확인한다.

P O I N T

서스펜션에 문제가 발생하면

서스펜션은 정밀기계적인 부분이 많아 혼자서 관리할 수 있는 곳이 한정되어 있다. 주으를 했음에도 불구하고 서스펜션의 움직임이 나쁘거나 오일이 새는 등의 큰 트러블이 발생헀을 때는 자전거를 구입한 가게나 MTB 전문겸에 상담한다. 또한 서스펜션의 수명을 늘리기 위해서는 전문점에서 정기적인 점검을 받자.

▶ 오일 · 에어식 리어 서스펜션의 조정

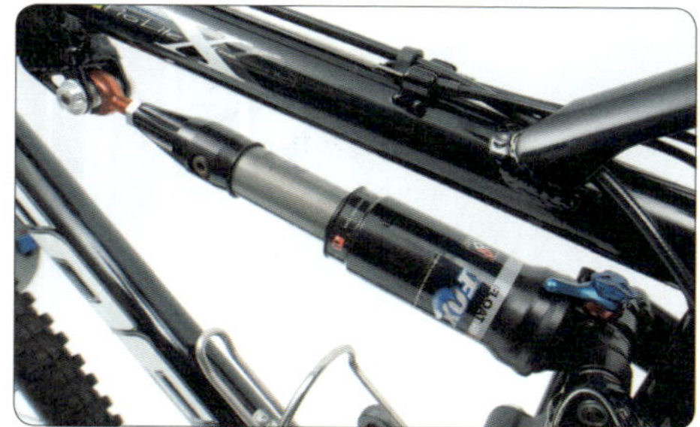

1 | MTB용으로 설계된 에어식 리어 서스펜션.

2 | 먼저 안장을 눌러보고 리어 서스펜션의 움직임을 확인한다.

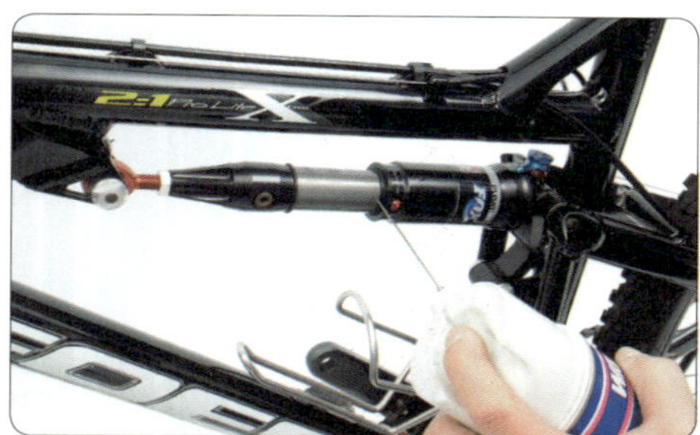

3 | 원활하게 서스펜션이 움직이지 않으면 아우터 튜브와 이너 튜브의 경계선의 실 부분에 주유를 한다.

4 | 흔들리는 것 같으면 서스펜션의 고정 볼트 부분도 조이자. 덧붙여 프런트 서스펜션에는 조임 부분이 없다.

▶ 서스펜션의 조정 다이얼

프런트 서스펜션

스트로크를 고정하는 록 아웃 다이얼, 스피드를 조정하는 스피드 컴프레션 다이얼, 리바운드의 조정 다이얼이 있다.

리어 서스펜션

리어 서스펜션에도 프런트 서스펜션과 같은 기능의 다이얼이 달려 있다. 서스펜션의 종류에 따라서는 조정할 수 없는 것이 있다.

▶ 에어식 서스펜션의 트래블 조정

프런트

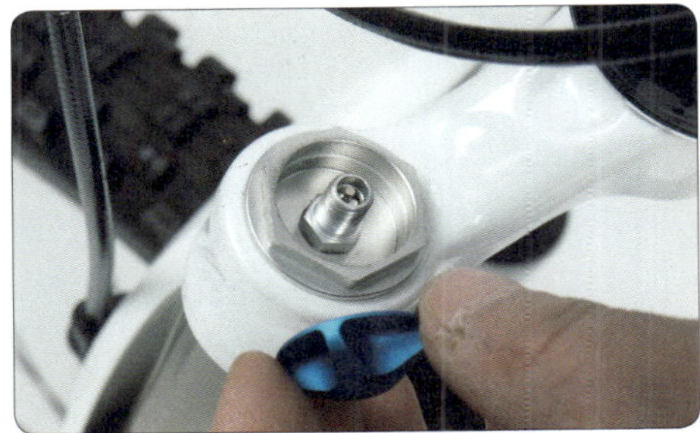

트래블이란 승차 시 서스펜션이 눌리면서 이동하는 거리를 말한다. 에어 서스펜션은 내부의 공기가 서서히 빠지므로 공기의 주입이 필요해진다.

리어

리어 서스펜션의 공기를 넣는 장소. 프런트도 리어도 밸브 형태는 미국식 밸브.

준비할 것

사진은 서스펜션 내에 공기를 넣는 전용 공기 주입기. 공기압 게이지가 달려 있으므로 적정 압력을 확인하고 나서 작업하자.

공기를 넣는다.

1 압력 게이지를 보면서 프런트 서스펜션에 공기를 넣는다.

2 리어 서스펜션도 같은 식으로 공기를 넣는다. 마지막으로 밸브 캡을 잠그는 것을 잊지 않도록 한다.

P O I N T

타이어 공기 주입기는 NG.

밸브의 형타는 미국식 밸브이지만 타이어 공기 주입기의 경우는 공기가 너무 많이 들어가서 내부가 망가질 우려가 있으므로 반드시 전용 공기 주입기를 사용할 것

일류 운동선수를 지도하는
트레이너가 전수하는 주행 전의 체력

메인터넌스

시티 사이클과 스포츠 바이크의 큰 차이점은 라이딩 포지션이다. 스포츠 바이크는 앞으로 기운 자세를 유지하고 고속 주행이 가능한 차종이다. 스포츠 바이크를 탄다는 것은 그야말로 '스포츠'라고 할 수 있다. 앞으로 기운 자세에 익숙해지지 않으면 상반신은 계속 힘을 주는 상태가 된다. 같은 자세를 계속 유지함으로써 상반신 전체의 혈액 순환이 나빠지고 장시간의 페달링으로 하반신은 비명을 지른다. 여기서는 사이클리스트에게 흔한 하반신 트러블과 그 해결 방법을 소개한다.

자전거를 타면 이렇게 많은 근육을 사용한다!! 사이클리스트가 주의해야 할 포인트

이상근

이상근 주변에는 좌골신경이 있다. 장시간 안장에 올라타 페달링을 하면 이상근이 안장에 내리눌린 상태가 되므로 좌골신경을 압박하여 좌골신경통을 일으킬 우려가 있다.

대퇴사두근

페달을 밟을 때 사용하는 큰 근육이다. 오랜만에 자전거를 타면 넓적다리가 팽팽해지는 것은 이 근육 때문이다. 또한 대퇴사두근이 딱딱하면 무릎을 구부렸다 폈다 할 때 무릎뼈 위에 부담을 준다.

햄스트링
(반막양근, 반건양근, 대퇴이두근)

넓적다리의 안쪽에 있는 것이 햄스트링이다. 서서 페달을 밟을 때는 엉덩이에서 햄스트링에 걸쳐 이 근육을 사용한다.

아킬레스건 · 넙치근
(하퇴삼두근)

페달링으로 가장 많이 움직이는 것이 아킬레스건이다. 장시간 페달링을 하면 아킬레스건염이 될 가능성도 있다. 아킬레스건을 유연하게 해두면 부상을 방지할 수 있다.

매일 하고 싶은 스트레칭

어떤 스포츠라도 그 전후에는 스트레칭을 하는 것이 당연하다. 자전거를 타기 전과 타고 난 다음에도 정성들여 스트레칭을 하는 것이 중요하다. 스트레칭은 근육을 늘려 유연하게 하는 효과가 있으므로 부상이나 통증의 해소로도 이어진다. 쾌적한 자전거 생활을 위해서도 평소부터 의식적으로 해두자.

PROFILE

나가이 접골원(도쿄도 메구로 구) 원장. 1968년 치바현 출생. 일본 체육 대학 졸업. 일본 체육 협회 공인 애슬래틱 트레이너. 유도접골사. JOC 올림픽 강화 스태프(의과학). 일본 대표 U-24 핸드볼 팀·일본 체육 대학 핸드볼 부 트레이너. 톱 운동선수의 지도를 바탕으로 한 누구나 어디서나 손쉽게 할 수 있는 시머트리 액서사이즈를 고안. 프로 댄서, 발레 댄서, 일류 모델 등 수많은 저명인의 퍼스널 트레이닝도 실시하고 있다.

저서로는 《3일에 한 번! 골반 롤링으로 허리부터 날씬해진다!》 《단 5번! 골반 크런치로 하반신부터 날씬해진다!》가 있다.

나가이 마사유키

금방 팽팽해지는 허벅지와 무릎에 부담을 주지 않기 위한

대퇴사두근과 햄스트링 스트레칭

한쪽 다리는 무릎을 세우고 다른 한쪽 다리는 무릎을 꿇은 상태로 다리를 세운 쪽의 햄스트링이 쭉 펴지는 것을 의식하면서 전방으로 천천히 체중을 싣는다.

무릎을 꿇은 쪽의 발목을 잡고 천천히 호흡을 하면서 엉덩이 쪽으로 다리를 끌어당긴다. 대퇴사두근이 펴지는 것을 알 수 있다.

앉은 채로 한쪽 다리를 펴고 다른 한쪽 다리는 구부려 발뒤꿈치를 가랑이 쪽으로 가까이 당긴다. 그 상태로 편 쪽의 다리에 체중을 싣고 햄스트링을 편다.

아킬레스건과 넙치근 스트레칭

계단 등의 단차를 이용하여 할 수 있는 아킬레스건과 넙치근의 스트레칭이다. 평소 발목을 유연하게 해두는 것에 유의하자.

단차의 모서리에 엄지발가락의 부들기를 걸고 뒤쪽 다리에 체중을 실어 늘린다. 균형을 잡을 수 없는 사람은 난간을 잡으면 좋다.

등 · 견갑골 · 어깨 스트레칭

올바른 라이딩 포지션은 팔꿈치를 구부려 팔을 앞으로 뻗고 등을 완만한 활을 그리는 느낌으로 앞으로 기운 자세를 취하며 힘을 빼는 것이다. 그럼에도 불구하고 주행 중에는 같은 자세를 계속 유지하기 때문에 상반신 전체의 혈액 순환이 나빠진다. 주행 전후에는 상반신 스트레칭으로 근육을 풀고 혈액 순환을 좋게 하는 것이 중요하다.

무릎을 가볍게 구부린 상태로 허리를 안으로 넣고 가슴 앞쪽으로 팔을 뻗어 양손은 깍지를 낀다. 견갑골을 넓히는 느낌으로 팔을 앞으로 쭉 뻗어 스트레칭을 한다.

골반을 평소 위치로 되돌리고 등줄기를 펴고 손을 그대로 머리 위로 들어 올려 위로 쭉 뻗는다.

위로 뻗은 손을 풀고 팔을 어깨넓이로 벌리고 그대로 팔꿈치를 가슴 높이까지 내리고 가슴을 펴서 견갑골을 푼다.

주변에 있는 도구를 활용한 타월로 하는

등 · 견갑골 · 어깨 스트레칭

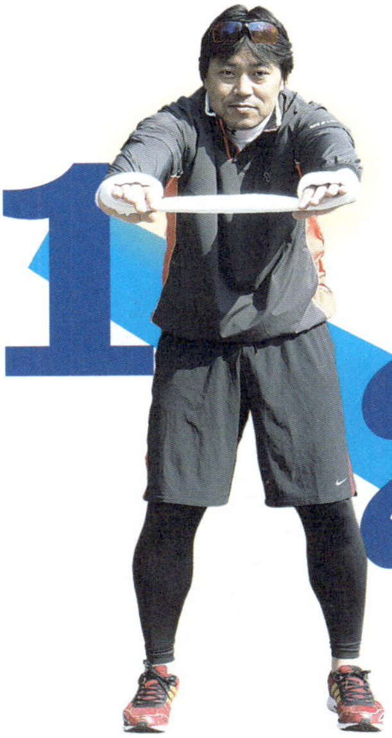

타월을 어깨넓이로 잡고 팔을 가슴 앞쪽으로 가져 온다. 허리에서 등은 완만한 활을 그리듯이 한다.

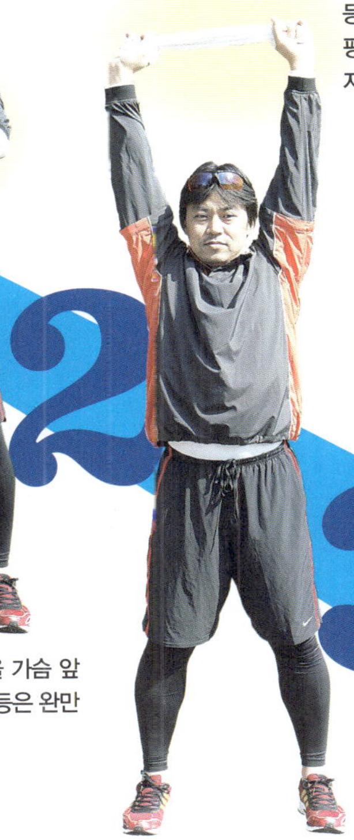

등줄기를 펴고 타월의 위치는 지면과 평행이 되도록 하고 팔을 머리 위로 가져가 위로 쭉 뻗는다.

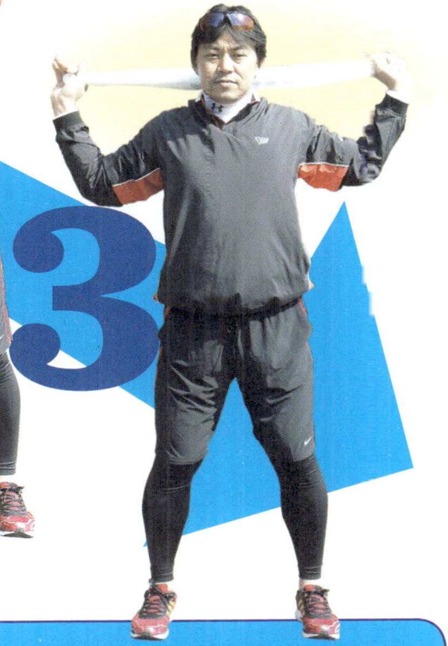

타월의 위치를 지면과 평행으로 유지하면서 머리 뒤로 가져가 견갑골과 견갑골의 사이를 풀듯이 의식하면서 팔을 내릴 수 있는 데까지 내린다.

POINT

허리에서 등에 걸쳐 거대한 알을 품고 있는 느낌으로

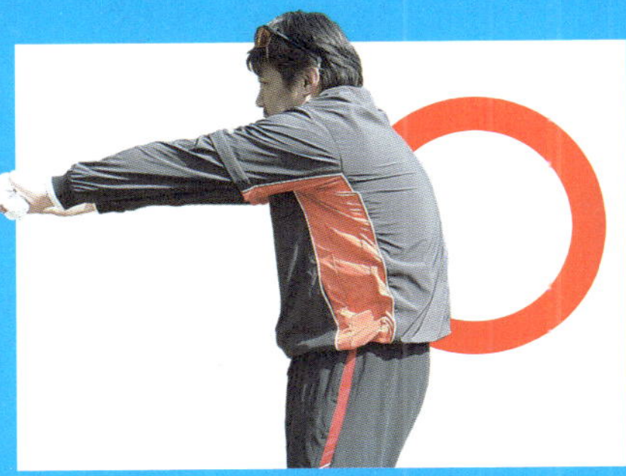

골반을 배꼽 쪽으로 기울이고 등은 완만한 아치를 그리는 것이 올바른 스트레칭이다.

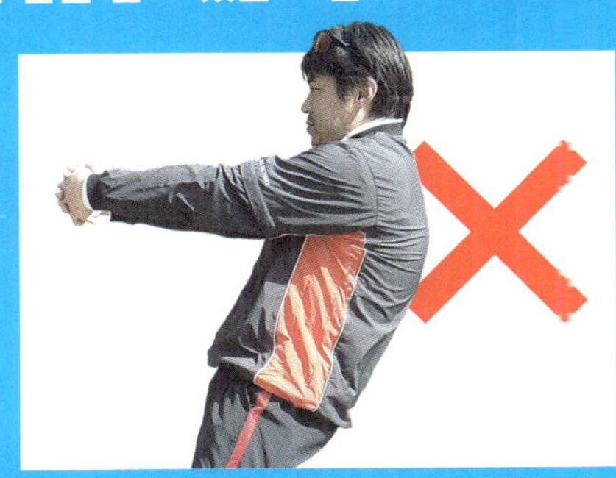

골반을 앞으로 쑥 내밀고 있을 뿐 견갑골이 펴지지 않아 전혀 스트레칭이 되지 않는 상태다.

이상근 스트레칭

이상근은 이너 머슬이라고 불리며 대퇴골의 바깥쪽의 돌기(대전자)와 천골을 잇는 근육을 말한다. 장시간의 페달링으로 인해 좌골이 안장에 압박되면 이상근에 통증이 생긴다. 이것을 이상근 증후군이라고 하며 이상근이 좌골신경을 압박하면 좌골신경통을 일으킨다. 이 통증을 해소하기 위해서는 이상근을 펴서 유연하게 하는 것이 중요하다.

먼저 위를 향해 눕고 한쪽 다리의 무릎 아래쪽을 손으로 감싸 쥔다. 다른 한쪽 다리는 감싸 쥔 다리의 무릎 위에 올린다.

이걸로 무릎에 올린 쪽 다리의 이상근이 펴지는 것을 알 수 있다. 다리를 감싸 쥔 팔을 가슴 쪽으로 한층 끌어당기면 보다 효과적이다.

POINT

이상근이 딱딱한 사람은 이것!

이상근이 너무 딱딱하면 누운 상태에서 다리를 무릎에 올리는 것이 불가능하다. 그런 경우에는 상반신을 일으킨 상태로 실시한다.

상반신을 일으킨 상태로 세우고 있는 쪽의 다리를 손으로 감싸 쥐고 가슴 쪽으로 당기면 더욱 펴지지만 무리하지 않도록 한다.

페달링으로 사용한 엉덩이의 혈액 순환을 돕는

중둔근 스트레칭

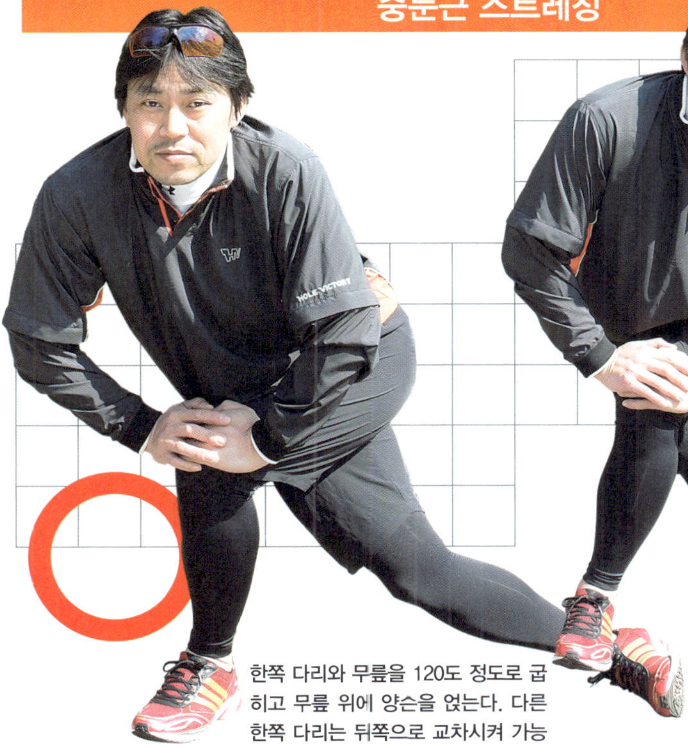

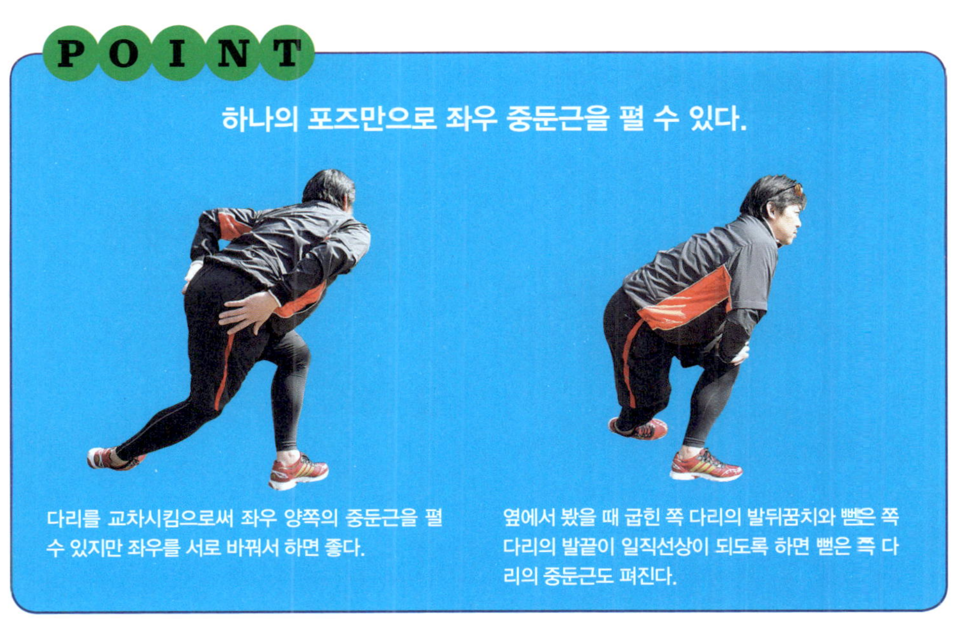

한쪽 다리와 무릎을 120도 정도로 굽히고 무릎 위에 양손을 얹는다. 다른 한쪽 다리는 뒤쪽으로 교차시켜 가능한 한 다리가 멀리 가도록 한다.

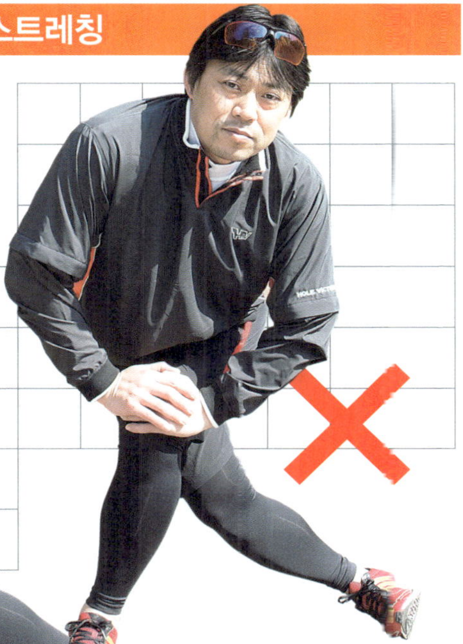

무릎의 직선상에 얼굴이 오는 것이 이상적이다. 이것은 상반신이 휘어져 있고 뒤로 뻗은 다리는 너무 가까워서 중둔근이 펴지지 않고 있다.

POINT

하나의 포즈만으로 좌우 중둔근을 펼 수 있다.

다리를 교차시킴으로써 좌우 양쪽의 중둔근을 펼 수 있지만 좌우를 서로 바꿔서 하면 좋다.

옆에서 봤을 때 굽힌 쪽 다리의 발뒤꿈치와 뻗은 쪽 다리의 발끝이 일직선상이 되도록 하면 뻗은 쪽 다리의 중둔근도 펴진다.

장시간의 주행에 대비하여 평상시 해둬야 할

근력 단련

스포츠 바이크의 라이딩 포지션은 앞으로 기운 자세가 기본이다. 이 자세를 장시간 유지하려면 어느 정도의 근육이 필요하다. 예를 들면 언덕을 올라갈 때는 핸들을 쥔 팔이나 어깨에도 힘이 들어가고 체간부의 근육도 앞으로 기운 자세를 유지하기 위해 항상 풀가동하고 있다. 여기서는 자전거에 필요한 근력 단련을 소개한다.

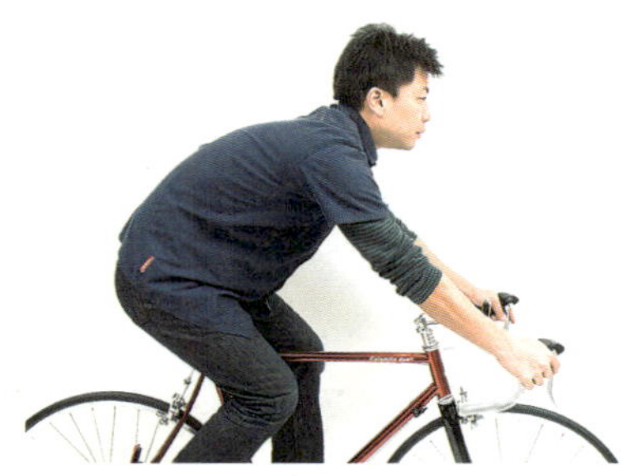

앞으로 기운 자세로 인한 어깨 부담을 막기 위한

복부의 근력 트레이닝

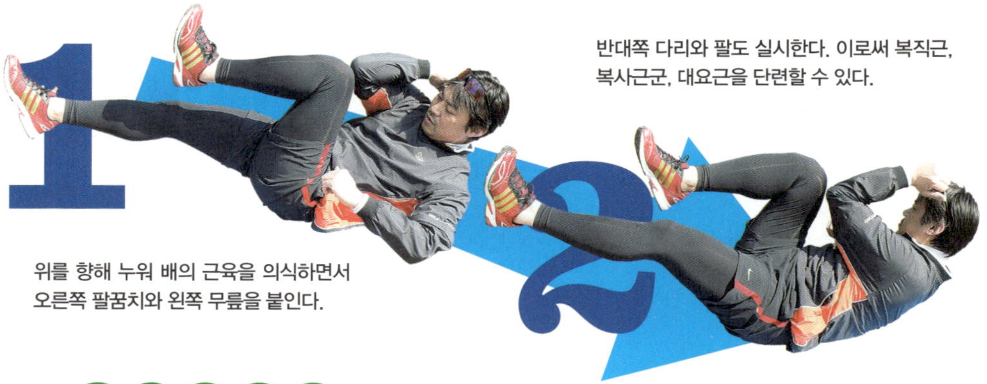

1 위를 향해 누워 배의 근육을 의식하면서 오른쪽 팔꿈치와 왼쪽 무릎을 붙인다.

2 반대쪽 다리와 팔도 실시한다. 이로써 복직근, 복사근군, 대요근을 단련할 수 있다.

POINT

올바르게 하지 않으면 효과가 없다.

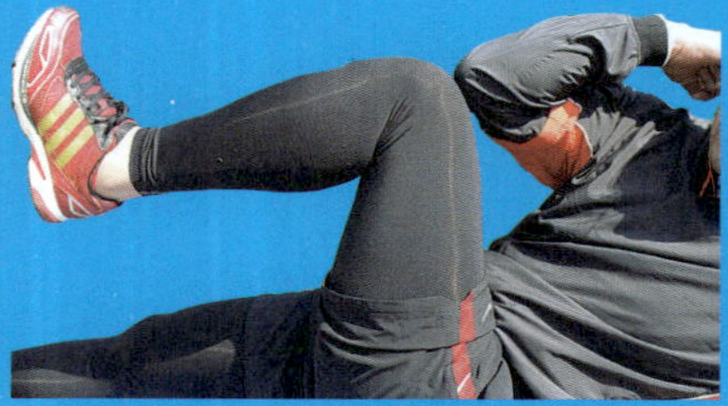

배꼽 위 주변에서 팔꿈치와 무릎을 붙인다. 이때 무릎이 직각이 되면 복횡근과 대요근에 보다 부담이 가해진다.

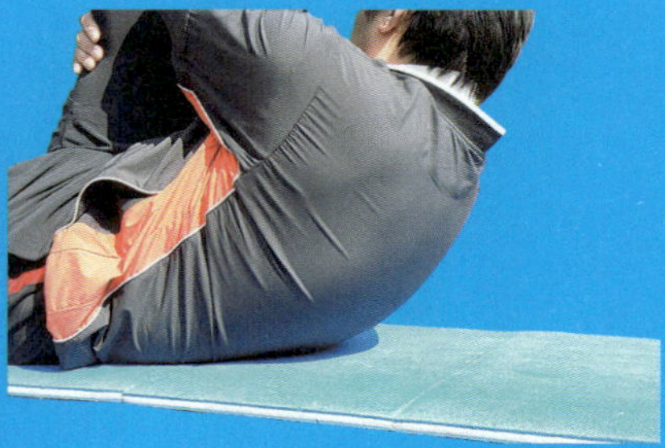

등을 바닥에 대지 않는 것이 포인트. 상체를 일으키면 복직근에 부하가 걸리고 다시 비틂으로써 복사근이 단련된다.

체간부 근육 트레이닝

선생님으로부터의 조언

좌우 균등한 근육을 만든다.
생활 습관이나 버릇에 의해 사용하는 근육이 치우쳐 대부분의 사람은 좌우균등하게 근육이 붙어 있지 않다. 예를 들어 자전거의 페달링 시 자주 쓰는 발에만 힘을 넣어 크랭크를 회전시키고 있지는 않은가? 그럴 경우 다리의 근육량이 치우쳐서 붙게 된다. 또한 엎드려 팔굽혀펴기의 경우도 힘이 있는 쪽의 팔으르만 들어 올리고 있는 경우가 많다. 먼저 의식적으로 균등하게 근육을 사용하는 것부터 시작하자. 큰 거울로 자신을 비춰서 몸이 대칭이 되고 있는지를 확인하면서 근력 단련을 하는 것이 최상이다.

근육을 극한까지 몰아붙이는 것은 NG.
근력 단련으로 근육을 극한까지 몰아붙이면 근육이 커진다고 하는데 근육을 극한으로 몰아붙이면 몰아붙일수록 강한 쪽의 근육만을 사용하게 되어 역효과다. 어느 한쪽의 근육이 강해지면 등뼈가 휘고 추간판 헤르니아의 원인이 되기도 한다. 근력 단련은 횟수를 정해 좌우 힘을 넣는 방법에 의식하면서 하자.

Part 11

자전거 용어 사전

ㄱ

가이드 풀리

뒤 디레일러에 붙어 있는 풀리 중에서 아래쪽에 붙어 있는 것을 가리킨다. 체인이 극도로 날뛰지 않도록 하고 프런트 기어를 향해 체인의 방향을 결정한다.

공기 주입기

펌프. 주행 전에 사용하는 플로어 펌프와 주행 중의 펑크 수리 등에 사용하는 휴대용 펌프 2종류가 있다.

공기압

타이어 속에 들어 있는 공기의 압력. 충격흡수성의 유지나 펑크의 위험성을 피하기 위해 알아두면 편리한 수치. 공기는 부피가 작을수록 공기량이 적기 때문에 압력을 높게 하여 형상을 유지할 필요가 있다. 굵은 타이어일수록 적정 공기압은 낮아진다.

그리스

윤활 오일의 일종으로 페이스트 상태. 주로 베어링에 대한 회전축이 큰 마찰 부분, 급유하기 어려운 부분 등에 사용한다.

그립 시프트

그립 시프트사(현 스램사)가 개발한 변속 시스템. 그립의 일부를 회전시키는 동작으로 케이블을 잡아당기거나 느슨하게 함으로써 변속을 하는 것.

기계식 디스크 브레이크

케이블을 당김으로써 디스크 패드를 집는 기구를 가진 디스크 브레이크를 말한다. 관리하기 좋다.

기어

크랭크에 붙어 있는 프런트 기어와 스프로켓의 각 기어를 총칭.

ㄴ

나사

안쪽에 나선형의 홈이 들어가 있어 볼트와 한 쌍을 이루는 고정용 부품. 보트를 받아들이는 역할을 한다.

뉴턴

힘의 단위로 기호는 N. 토크 렌치 등으로 나사를 조일 때 사용되며 어느 정도의 힘이 걸리고 있는지를 수치로 나타낸 것.

ㄷ

다운 튜브

프레임을 구성하고 있는 것으로 헤드 튜브(포크가 안으로 들어가는 튜브)에서 바텀 브래킷을 향해 내려가는 부위. 주로 프레임의 강성을 담당한다.

더블 레버

시프터, 혹은 시프트 레버의 일종으로 다운 튜브에 장치된 것. 브레이크 레버 일체형이 등장한 1988년 이전에는 이 타입이 주류였다.

뒤 디레일러

변속기 중에서 리어 휠에 달린 스프로켓과 체인의 변속을 실행하기 위한 것.

드롭 핸들

로드바이크나 투어링 바이크에 사용되는 핸들. 플랫 부분에서 양끝이 호를 그리는 형상을 하고 있다. 플랫 핸들과 달리 어깨넓이 정도의 횡폭과 복잡하게 휘어진 형상이 어울려 쉽게 지치지 않는다.

디레일러

변속기. 기본적으로 케이블로 제어되며 복수의 기어에 체인을 바꿔 걸기 위한 장치. 로드 바이크에는 보통 프런트와 리어 측 각각에 달려 있다.

디스크 브레이크

오토바이와 마찬가지로 금속으로 만들어진 원반형의 로터를 패드로 집음으로써 스피드를 떨어뜨리는 기구의 브레이크. 맑은 날, 우천 관계없이 제동력이 높기 때문에 MTB에 자주 사용된다.

디스크 휠

스포크 휠은 스포크가 공기를 거품기처럼 흩뜨려서 공기저항이 생긴다. 그 단점을 해소하기 위해 스포크가 들어가는 곳을 판 형태로 만들어 버린 것. 카본제가 많다. 옆바람에 약하다는 단점이 있어 주로 후륜에 사용된다.

ㄹ

레일 고정판

시트 필러 또는 시트 포스트의 최상부에 있으며 안장을 장착하기 위한 것. 싱글 볼트식과 더블 볼트식이 있으며 싱글 볼트식은 안장의 고정과 각도조정을 1개의 볼트로 할 수 있어 작업성이 좋다. 더블 볼트식은 1개로 안장의 고정, 다른 1개로 안장의 각도조정을 한다. 경륜 선수가 자주 사용하는데 섬세한 조정을 할 수 있다는 장점이 있다.

로드 바이크

드롭 핸들과 폭이 좁고 날씬한 타이어가 특징적인 자전거 종류. 본래 레이스 용으로 개발되어 스피드를 내고 빨리 멀리 가기 위한 설계가 되어 있다.

로우 기어

스프로켓 중에서 가장 가벼운 기어. 가장 스포크 쪽에 있으며 직경이 가장 크다.

로터

디스크 브레이크의 구성 상품으로 이것에 패드를 좌우에서 밀어붙임으로써 브레이크가 걸리도록 되어 있다.

림

휠의 부품으로 타이어를 유지하고 스포크에 의해 허브와 연결되어 있다. 휠의 강성과 충격흡수성의 상반된 조건을 역할로 담당하고 있다.

ㅁ

마운틴 바이크(MTB)

오프로드를 달리기 위해 미국에서 개발된 자전거의 종류. 앞 또는 앞뒤에 서스펜션을 지닌 구조를 갖는다. 또한 타이어는 주로 블록 타이어를 사용한다. 시내 주행에서 본격 오프로드까지 폭넓게 용도가 있는 차종.

몽키 스패너

주로 나사 등을 조이거나 풀 때 사용하는 렌치. 다양한 폭에 대응하기 위해 턱 부분이 가변식으로 되어 있는 것도 있다. 1891년 요한슨이 발명. 이름의 유래는 여러 가지 설이 있다.

미국식 밸브

자동차나 오토바이와 같은 구조를 가진 밸브로 MTB에 많이 채용되는 형식의 밸브.

미니벨로

지름이 작은 휠을 가진 자전거를 가리키는 프랑스어. 세련된 외관이나 쉽게 탈 수 있는 것에서 시가지 사용을 중심으로 인기를 모으고 있다.

ㅂ

바텀 브래킷

크랭크의 회전축을 가리킨다. 최근에는 크랭크 축이 크랭크와 일체형이 된 것이 많고 베어링을 담는 컵을 통칭하여 사용하는 경우도 많다.

바테이프

주로 드롭 핸들에 사용되며 충격흡수와 손의 미끄럼 방지용으로 사용하는 아이템. 코르크나 발포 플라스틱으로 만들어진다. 나선형으로 휘감아 사용한다. 가죽제도 있다.

변속장치

디레일러 참조.

브레이크 레버

브레이크 케이블을 당기기 위한 레버.

브레이크 슈

브레이크 아치에 설치되어 있는 고무제 부품. 브레이크 레버를 당기면 이것이 림을 집어 브레이크가 걸리도록 되어 있다. 전후좌우 1개씩, 1대에 4개 사용한다.

브레이크 아치

캘리퍼 브레이크의 본체를 말한다. 슈 이외의 힘을 전달하는 부분 전체를 말한다.

브레이크 케이블

브레이크 레버에서 브레이크 아치에 힘을 전달하기 위한 케이블.

브레이크 패드

디스크 브레이크의 부품으로 로터를 집기 위한 부품. 메탈식과 수지식, 메탈/수지식이 있다. 메탈식은 제동력이 강하지만 일정량 레버를 당기면 브레이크의 작동이 급격하게 강해지고 수지식의 제동력은 메탈식만큼은 아니지만 섬세한 브레이크 터치가 가능하다. 메탈/수지식은 쌍방의 좋은 점을 살리기 위해 복합된 것이다.

비드

타이어 사이드의 케이블 등이 들어가 있는 부분. 타이어를 림에 거는 데에 중요한 역할을 한다. 케이블제와 케블라(섬유)제가 있다. 케블라제는 접어서 개는 것이 가능하다.

ㅅ

사이클 컴퓨터

속도, 주행거리, 평균속도 등을 표시하는 자전거 전용 계측기. 상급 모델에서는 케이던스, 현재의 기어 단수 등을 표시하는 것이나 센서가 무선으로 된 것도 있다.

사이클로크로스

로드 레이스 선수의 동계 트레이닝의 하나로 시작된 자전거 경기. 오프로드에서 실시되며 코스에는 계단이나 단차 등 수많은 장해물이 있고 장해물은 자전거를 짊어지고 통과하는 것이 규칙으로 되어 있다.

새들

영어로 '안장'을 가리킨다. 엉덩이를 얹는 자전거의 부품. 앉는다는 이미지가 강하지만 실제로는 깊게 앉는 타입은 영어로는 '시트'라고 부른다.

새들백

새들의 뒤쪽 아래에 매달듯이 다는 작은 가방. 휴대용 공구나

부속품을 넣을 수 있고 용도에 따라 다양한 형태나 크기가 발매되고 있다.

서스펜션

충격을 흡수하는 이미지가 강하지만 실제로는 다르다. MTB 등 험한 길을 달릴 때 전륜 및 후륜이 튀어 그립을 놓치지 않도록 가급적 타이어가 지면과 접촉하도록 (트랙션을 번다고 한다.) 하기 위한 부품. 전륜에서는 포크의 블레이드가 오르내리도록 되어 있고 후륜은 다양한 타입이 있다.

스탠드

스포츠 사이클의 경우는 자전거에 장착하는 스탠드는 일부 차종(초보자용 차종) 이외에는 거의 사용하지 않는다. 실내 보관 등을 위해 주행 후에 휠의 퀵 릴리스에 끼워 넣어 장치하는 타입이나 후륜을 얹는 것, 안장을 얹는 것 톱 튜브를 지탱하는 타입 등이 있다.

스템

프레임과 핸들을 잇는 부품의 명칭. 길이가 10mm 혹은 5mm단위로 체격이나 팔 길이로 길이를 결정한다. 스틸, 알루미늄, 카본, 티탄으로 채용되고 있는 소재가 많은 것이 특징이다.

스페이서

간격을 메우는 역할을 하는 것 전부를 가리킨다. 주로 헤드 부분, 프레임에 붙어 있는 헤드부품과 스템 사이에 넣는 링 형태의 것이나 스프로켓의 일부의 것으로 옆의 기어와의 사이에 넣는 것 등을 가리킨다.

스포크

휠에 사용하는 부품의 일종으로 중요한 역할을 달성하는 것. 허브(회전부)와 림(타이어에 장치하는 것)을 접속하는 것. 금속제에 대해서는 허브와 림을 텐션을 걸어 당김으로써 접속,

휠의 강성 유지나 충격흡수성의 역할 등을 다하고 있다. 스틸, 스테인리스, 알루미늄, 카본 등 사용되고 있는 소재의 종류도 많다.

스프로켓
휠에 장착하고 있는 부품으로 뒤쪽의 기어. 6단~11단까지 존재한다.

시트 스테이
시트 클램프의 밑에서 리어 휠을 향해 뻗은 프레임 부위를 가리킨다. 충격흡수의 역할을 주로 완수하는 부위.

시트 클램프
시트 필러를 프레임에 고정하기 위한 부품. 조이면 조일수록 고정력이 늘어나는 것이 아니라 클램프의 전체가 프레임에 접촉함으로써 고정력을 얻을 수 있는 것. 고정할 때는 원칙적으로 클램프의 비율이 평행이 되도록 한다.

시트 튜브
바텀 브래킷에서 안장 방향을 향해 뻗은 프레임 부위를 가리킨다. 자전거의 강성·강도와 충격흡수라는 상반된 역할을 동시에 달성하는 부위.

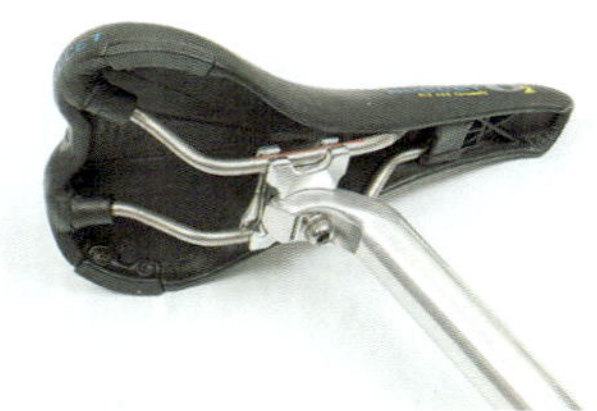

시트 포스트
시트 필러의 별칭.

시트 필러
안장과 프레임을 접속하는 봉과 같은 부품. 상부에 안장을 고정하는 레일 고정판이 달려 있다. 알루미늄제와 카본제가 있다.

시프터
변속을 하기 위한 것. 최근에는 로드, MTB 모두 브레이크 레버와 일체형이 된 것이 등장하고 있다. 그립 시프트도 시프터 중 하나다. 다른 핸들바의 끝부분에 장착하는 엔드 시프터나 프레임의 다운 튜브에 다는 더블 레버 등의 종류도 있다. 또한 전동식도 있다.

시프트 레버
시프터의 별칭으로 변속을 하는 레버를 가리킨다.

시프트 케이블
전동식을 제외한 모든 변속기기는 이 부품을 사용한다. 케이블을 당기거나 느슨하게 함으로써 디레일러가 움직여 기어가 바뀌는 구조로 되어 있다.

아우터 기어
크랭크에 장착되어 있는 기어 중에서 가장 바깥쪽에 위치한 기어.

앨런 렌치
소위 육각 렌치. 고정력이 필요한 곳에 사용되며 자전거에 가장 많이 사용되는 나사의 종류.

어저스터
다이얼식 조정 나사. 스프링이 달려 있어 케이블의 장력 등을 조정하는 것.

엔드
프레임 중에서 리어 휠을 장치한 부위 전반을 가리키는 말. 리어 엔드, 엔드 쇠장식이라고도 한다.

엔드 캡
케이블의 끝부분을 절단한 뒤에 씌우는 캡. 절단면이 풀려 몸에 박힐 위험을 막는다. 케이블 하우징용은 케이블이 좌우로 움직이지 않도록 하는 역할도 지닌다.

연결핀
체인의 양단을 연결하여 고리 형태로 만들기 위해 사용하는 작은 핀.

영국식 밸브
시티 사이클이나 경륜 선수가 사용하는 타이어에 사용되고 있는 타이어 밸브의 일종. 밸브 코어를 나사로 위에서 꽉 누르는 구조를 가진다.

오일
소위 윤활제. 액체상태의 기름으로 브레이크나 체인 등의 부품류나 케이블의 움직임을 원활하게 하고 마모와 녹을 방지하는 역할을 한다.

옥타링크용 어댑터
스프로켓을 고정하고 있는 락링을 조이거나 풀기 위한 도구.

유압식 디스크 브레이크
오토바이와 마찬가지로 기름을 넣은 튜브를 사용해 기름의
압력으로 브레이크를 움직이는 타입의 디스크 브레이크.

육각 렌치
앨런 렌치를 참조.

이너 기어
크랭크에 붙어 있는 기어 중에서 가장 가벼운 기어. 가장 프
레임 측에 장치되어 있다.

체인
크랭크에 전달되는 힘을 구동륜인 후륜에 전달하는 중요한
부품.

체인 스테이
바텀 브래킷에서 휠을 향해 가는 프레임 부위. 프레임의 강
성, 강도를 주로 담당하는 역할을 지닌다. 후륜에의 힘 전달
상태를 결정하는 중요한 부위.

체인커터
체인의 길이를 조정하기 위한 전용 공구. 체인을 자르는 것이
아니라 체인의 이음매에 있는 핀을 밀어내거나 밀어 넣는다.

캘리퍼 브레이크
주로 로드 바이크용의 브레이크로 금속제의 아치가 움직여
브레이크 슈가 림을 집는 구조의 것을 말한다.

컴포넌트
변속기나 브레이크 등의 메인 부품의 세트를 부르는 명칭으
로 시마노사가 사용하고 있는 호칭 방법. '컴포'라는 약칭이
브랜드에 한정되지 않고 전체적인 통칭으로 사용되고 있다.
캄파놀로사에서는 그룹 셋이라고 부른다.

케이블 고정 볼트
브레이크나 시프트 케이블을 고정하는 볼트. 볼트를 너무 세
게 조이면 케이블이 찌그러지므로 주의.

케이블 머리
브레이크 케이블나 시프트 케이블의 끝에 장착 된 둥근 북 형
태의 쇠장식. 레버에 고정할 수 있게 되어 있다.

케이블 스톱
브레이크 케이블이나 시프트 케이블의 하우징을 장착하기
위해 프레임에 달려 있는 작은 컵. 이것으로 케이블의 장력을
유지할 수 있다.

케이블 커터
브레이크 케이블이나 시프트 케이블을 절단하기 위한 전용
공구. 케이블이 잘 풀리지 않게 절단할 수 있는 설계가 되어
있으므로 케이블을 자를 때 반드시 사용해야 하는 것.

콤팩트 크랭크
PCD(pitch circle diameter : 크랭크의 기어를 장착하는 핀의
중심을 이어 생긴 원의 직경)가 110mm인 로드용 크랭크를
말한다. 110mm는 MTB의 규격으로 기어를 가볍게 할 수 있
어 로드 본래의 기어가 두껍다고 느끼는 사람을 위한 것. 기
어가 작아지는 만큼 앞뒤 기어비의 각 단의 격차가 줄어들기
때문에 다리에 기어비의 차를 느끼기 어려워진다는 이점이
있다. 투르 드 프랑스에서 쇄골이 골절된 미국의 타일러 해밀
턴이 사용하여 인기에 불을 붙였다.

퀵 릴리스
휠을 프레임에 고정하기 위한 부품. 휠의 회전축의 안으로 통
과하여 레버를 젖혀서 고정하는 것.

크랭크
자전거 주행 시 페달에 전달되는 다리 힘을 자전거에 전달하
는 중요한 부품.

크랭크 분리 공구
테이퍼BB(바텀 브래킷측에 크랭크가 붙는 부분이 사각형이
되어 있다.)에서 크랭크를 떼어내기 위한 공구. 안에 있는 나
사를 밀어 넣으면 절구가 BB축을 눌러 크랭크가 빠진다. 현
재는 비교적 저렴한 등급의 자전거에 필요한 공구.

크롬몰리

철재의 일종으로 정식명칭은 크롬몰리브덴강. 크롬과 몰리브덴을 첨가하여 강도나 강성을 지니게 한다. 자전거 프레임에 채용되는 소재로서 가장 긴 역사를 지녔다.

클린처 타이어

시티 사이클과 같이 타이어를 림에 감합시켜 공기압에 의해 비드를 림에 밀어붙임으로써 고정되는 타이어의 종류. WO라고도 부른다.

ㅌ

타이어

휠의 가장 바깥쪽에 장착된 것으로 그립, 충격흡수성을 담당하고 있는 부품. 로드바이크에서는 튜블러, 클린처, 튜브리스, MTB.에서는 클린처와 튜브리스 타입이 있다.

타이어 레버

클린처 타이어를 림에서 벗길 때 사용하는 공구. 플라스틱제가 많다. 일반적으로 2개 내지 3개를 비치해 둔다.

테이퍼

구조물의 세계에서 끝으로 갈수록 가늘어지게 되어 있는 것을 가리키는 말. 자전거에서는 바텀 브래킷의 크랭크 접지부가 사각형이 되어 있는 것을 그 단면이 끝이 가늘어져 있는 것에서 테이퍼BB라고 한다.

텐션 풀리

풀리란 도르래를 말한다. 뒤 디레일러에 있는 2개의 도르래 중 위에 붙어 있는 도르래. 체인을 잡아당겨 텐션을 걸고 있는 도르래이므로 이 이름이 붙었다.

토인

브레이크 슈 등에 사용하는 말로 숫자 '八'의 형태가 되어 있는 상태. 반대는 '토 아웃'인데토 아웃이 되는 것은 거의 없다.

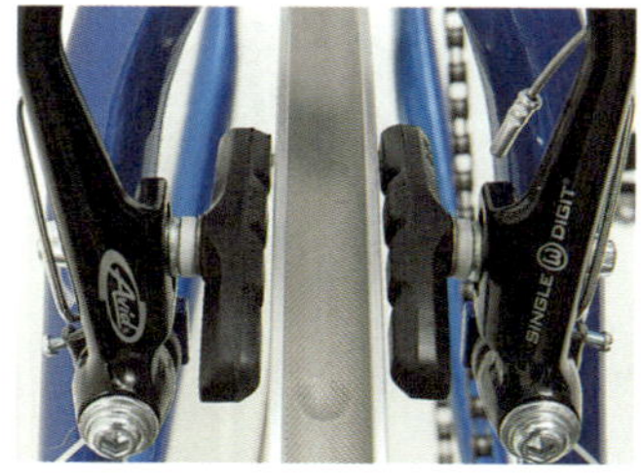

토크 렌치

볼트를 너무 세게 조이면 파괴되고 조임이 약하면 고정력이 충분하지 않다. 조이는 힘을 나타내는 계기가 달린 조임용 공구가 토크 렌치. 카본 제품이 많아진 요즘 너무 세게 조이는 것에 의한 카본의 파손이 많은 것에서 토크 렌치의 사용을 권

장하는 부품이 많아졌다.

톱 기어

스프로켓 중에서 가장 무거운 기어. 가장 바깥쪽에 붙어 있는 직경이 작은 것.

톱 캡

헤드 부품의 일부로 스템 위에 장치하는 캡을 말한다. 어헤드 시스템의 헤드는 이것을 나사로 조임으로써 베어링 조정을 한다.

톱 튜브

프레임 중에서 헤드 튜브 상부에서 시트 클램프를 향해 뻗은 부위를 가리킨다. 프레임의 비틀림을 막는 역할을 한다.

튜브

클린처 타이어, 튜블러 타이어의 안에 넣어 공기가 들어가는 고무제 부품.

튜블러 타이어

림 시멘트라는 유기계접착제를 사용하여 림에 붙이는 타입의 타이어. 코너에서의 그립, 충격흡수성을 시작으로 한 주행 성능에 이점이 있지만 펑크 수리 등이 어렵다는 단점이 있다.

티탄

티타늄의 별칭으로 사용되는 말. 실제로는 티타늄과 티타늄에 알루미늄과 바나듐을 첨가한 티타늄 합금 모두를 가리키는 말로 사용되고 있다.

ㅍ

페달

발에서 크랭크로 힘을 전달하는 부품. 신발을 고르지 않고 사용할 수 있는 플랫 페달과 발을 클리트라는 쇠장식으로 고정하는 바인딩 페달, 경륜 등 강한 고정력이 필요한 경우에 사용하는 스트랩식 페달이 있다.

페달 렌치

렌치 규격으로는 15사이즈. 페달의 탈착에 사용하는 공구. 페달이 빠지기 쉽도록 일반적인 렌치보다 얇다.

폴딩 바이크

접이식 자전거. 자동차나 전철 등으로 운반하기 위해 접어서 작게 할 수 있으며 16인치에서 20인치가 많다. 손쉽게 접어서 운반할 수 있는 것이 최대의 장점이지만 지름이 짧아 구름 저항이 큰 것과 접이 기구가 붙어 있기 때문에 다소 무거워지는 경향이 있다.

풀 서스

풀 서스펜션의 약어로 전후(전륜과 프레임 뒷부분) 양방에 서스펜션 시스템을 지닌 자전거를 말한다. MTB에 많다.

프라이어

끼워 넣어 구부리거나 뽑아내기 위한 공구. 두꺼운 것을 집을 수 있도록 피봇 부분이 가동식으로 되어 있다.

프랑스식 밸브

로드 바이크에 많이 사용되는 타이어 밸브의 일종. 나사를 느슨하게 하는 것만으로 공기를 넣을 수 있기 때문에 특히 로드나 MTB의 레이스용 튜브에 채용되는 구조의 밸브이다.

프런트 디레일러

변속기 중에서 크랭크에 붙어 있는 기어를 바꾸기 위한 것. 시트 튜브나 바텀 브래킷에 장치한다.

프런트 포크

프레임과 전륜을 연결하고 있는 프레임에 속하는 부품. 프레임 성능을 좌우하는 중요한 아이템으로 충격흡수성, 강성을 담당한다. 스틸, 알루미늄, 카본을 소재로 채용한다.

프레임

자전거의 구조체라고도 할 수 있는 것. 차체를 말한다. 또한 프레임과 포크를 세트로 한 것도 프레임이라고 한다. 포크가 세트가 되어 있지 않은 것은 프레임 단체라고 표현된다.

프레임 사이즈

프레임의 기본 길이. 바텀 브래킷에서 안장 받침 기둥이 들어가 있는 파이프의 상단까지의 거리를 말한다. 신장에 맞춘 자전거를 고르기 위해서도 구입 시 중요한 수치가 된다.

프리 허브

본래 바퀴의 회전축(허브) 중에서 발을 멈추면 공전하는 래칫 방식의 허브를 가리키지만 스프로켓이 붙은 부분의 내부에 그 래칫부가 들어가 있는 것에서 스프로켓 설치의 감합부를 가리키는 경우도 많다.

플랫 핸들

MTB에 처음에 사용된 핸들. 문자 그대로 직선 형태를 하고 있는 핸들. 폭이 넓고 MTB 등의 진동을 억누르는 듯한 주행 방식에 이점이 있다. 또한 그립을 쥐는 것뿐인 포지션이므로 홀가분함에서 하이브리드에도 사용된다. 장거리의 온로드 주행은 약간 벅차다.

피봇

브레이크나 서스펜션의 암의 가동 부분.

하우징

브레이크나 변속기의 케이블을 통과시키고 있는 튜브. 아우터 케이블, 아우터 호스라고도 한다.

하이브리드

로드바이크의 쾌적함과 MTB의 편안한 승차감을 융합시켜 부담 없이 스포츠 사이클을 즐길 수 있도록 꾸며진 자전거. 플랫 핸들을 채용하고 있는 것 외에 딱히 차종으로서의 규정은 없다. 가는 타이어를 달고 캘리퍼 브레이드 방식이 되어 있는 것은 플랫바 로드라는 별칭을 갖는다.

허브

휠 중앙에 있는 회전축. 바퀴를 지지하고 회전시키는 원통형 부품.

헝겊(waste)

오일이나 진흙, 먼지 등을 닦아내는 천. 상품도 있지만 오래된 타월이나 티셔츠를 사용하는 것이 일반적이다.

헤드

포크를 회전시키기 위한 부품으로 주로 컵과 베어링으로 구성되어 있다. 헤드 튜브에 설치되어 있다. 스템을 직접 포크 칼럼에 붙이는 어헤드식과 포크만 프레임에 장착하는 스레드식이 있다.

헤드 튜브

프레임 중에서 포크가 끼워지는 부위를 말한다. 프레임의 크기에 견주어 길이가 결정되며 실은 포지션 설정에 중요한 곳이다.

홀로테크2

시마노가 크랭크에 적용한 기술의 명칭. 크랭크 암에 중공으로 크랭크축이 크랭크와 일체형이 되어 있다.

휠

바퀴를 말한다. 튜블러, 클린처, 튜브리스의 3종류가 있다. 또한 허브, 스포크, 림을 손으로 조립한 수조 휠과 제조회사에서 조립한 완조 휠이 있다.

V브레이크

캔틸레버 브레이크의 구조를 응용하여 시마노가 개발한 오프로드용 브레이크. 조정이나 관리가 캔틸레버 브레이크보다 간단하고 제동력도 높다. 진흙이 차기 어렵고 굵은 타이어를 장착하기 쉬우므로 MTB나 하이브리드에 채용된다.

X자형 걸기

체인에 사용하는 용어. X자 형태로 좌우 반대 측을 향해 비스듬하게 걸린 상태를 가리킨다. '이너 체인링×톱 기어'나 '아우터 체인링×로우 기어'가 그것이다. 옆의 기어에 체인이 닿아 효율이 나쁘다.

찾아보기

Zenbuwakaru! Jitensya Maintenance
@ Gakken Publishing 2011
Fist published in Japan Gakken publishing Co., ltd., Tokyo.
Korean translation right arranged with Gakken Publishing Co., Ltd.
through PLS Agency, Korea.
Korean edition published in 2013 by Harmkke Publishing Co., Korea.

자전거 메인터넌스

초판 1쇄 발행 2014년 3월 31일
초판 2쇄 발행 2016년 7월 15일
초판 3쇄 발행 2018년 7월 21일
초판 4쇄 발행 2019년 4월 25일
초판 5쇄 발행 2020년 7월 10일
초판 6쇄 발행 2021년 7월 15일
초판 7쇄 발행 2022년 4월 21일
초판 8쇄 발행 2023년 6월 25일
개정판 1쇄 발행 2024년 3월 15일
개정판 2쇄 발행 2024년 11월 20일

감　수 누카야 그룹
옮긴이 유가영
펴낸곳 함께북스
펴낸이 조완욱

등록번호 제1-1115호
주　소 32418 충청남도 예산군 신암면 75-2
전 화 041-332-7719
팩 스 041-332-6568
이메일 harmkke@hanmail.net

ISBN 978-89-7504-603-2 13690

나를 위한 하루 선물

서동식 지음 | 양장 | 376쪽 | 값 13,000원

소중한 자신에게 선물하는 행복한 하루!

나를 변화시키는 하루 한 마디 《하루 선물》. 이 책은 온전히 나 자신을 위한 지식과 교훈, 마음의 위로와 긍정적인 에너지를 줄 수 있는 글귀들로 구성되어 있다. 365 매일매일 가슴에 새겨넣을 글과 함께 나를 변화시키는 하루 확언을 수록하여 이전보다 더 긍정적인 마음과 목표의식을 가지고 살아갈 수 있게끔 용기를 주고 내면에 힘을 보태어준다.

내면의 소리에 맞추어 지혜롭게 인생의 길을 개척하고, 무의미한 걱정을 하느라 인생을 낭비하지 않고, 성실함으로 미래를 준비하여 기회를 잡고, 영감을 통해 모든 문제의 해결책을 찾고 새로운 기회를 만들어 내는 등 다양한 지침을 수록하여 행복하게 살아갈 수 있도록 도와준다.

365 매일매일 나를 위한 하루 선물 2

서동식 지음 | 양장 | 400쪽 | 값 13,000원 |

365 매일매일 당신을 위한 선물들을 찾아가세요

인생이라는 기회는 단 한 번뿐입니다. 게으름과 두려움에 망설임에 망설이고 있는 지금 이 순간에도 우리의 옆으로 미소를 지으며 혹은 비웃으며 지나가고 있습니다.

우리는 얼마나 이 소중한 인생을 가볍게 보고 있었나요? 우리는 얼마나 미지근하게 인생을 마시고 있었나요? 다시 우리의 인생을 뜨겁게 데워야 합니다. 게으름이 아닌 열정으로 두려움이 아닌 용기로 미지근한 인생을 뜨겁게 달구어야 합니다. 다시 뜨거워진 열정으로 새로운 희망을 생각해야 합니다. 이 책은 우리가 놓치고 지나쳤던 우리가 기억하지 못하는 나를 위한 선물들을 찾아가라는 책입니다.

울고 싶어도 내 인생이니까

백정미 지음 | 344쪽 | 값 14,000원

울고 싶어도 내 인생이다, 포기하지 말고 걸어가라.

십여 년 가까이 최고의 감성작가로 누리꾼들의 사랑을 받은 백정미의 에세이집. 이 책은 저자의 치열한 사유에 의해 탄생한 귀중하고 의미 깊은 깨달음을 담았다. 울고 싶어도 슬퍼도 힘겨워도 자신만의 인생을 살아가야 하는 이 세상 모든 사람들에게 우리 곁에 머물면서 우리의 선택을 기다리고 있는, 인생을 가장 행복하게 살아낼 수 있는 비법들을 소개한다.

저자는 긍정적인 생각과 함께 늘 꿈을 간직하고 살고, 시간의 소중함과 사랑의 소중함을 알고, 이해하며 살아가는 것이 인생을 살아가는데 있어 가장 중요한 것들이라고 말한다. 이러한 지혜를 깨닫고 인생의 주인공인 자기 자신이 스스로의 인생에 책임감을 지니고 살아간다면 죽음 앞에 이르러서도 후회라는 그늘을 남기지 않을 것이라 이야기하고 있다.

영원히 살 것처럼 배우고 내일 죽을 것처럼 살아라

M. 토게이어 저 | 주덕명 옮김 | 양장 | 256쪽 | 값 12,000원

가장 아끼고 소중한 사람의 인생 앞에 놓아주고 싶은 책!

유대인이 오늘날까지 살아 남을 수 있었던 것은 어떤 상황에서도 결코 절망하지 않았기 때문이라고 한다. 폭풍우 뒤에 반드시 아름다운 무지개가 나타나듯이 이 책에는 무엇이든지 배우며 그 배움을 자신들의 삶에 접목시켜 자신들의 삶의 지혜로 삼으며, 후손들에게 교육시켜 수 천년 동안의 박해와 고난의 세월을 이겨 자신의 나라를 찾을 수 있었던 유대인의 자세와 지혜를 들려준다.

자전거 타는 사람들

에이미 워커 지음 | 주덕명 옮김 | 288쪽 | 값 14,000원

자전거 라이딩 그들이말하는 그 매혹적인 중독!

맛있는 것은 같이 먹고 싶고, 멋진 경치는 함께 보고 싶은 것처럼 좋은 것은 항상 누군가와 나누고 싶어지는 법이다. 자전거 타기는 쉽게 다른 사람과 함께할 수 있는 활동이다. 둘이서 적당한 속도로 나란히 달리며 대화를 나누는 것도, 친구들과 무리지어 질주하는 것도 즐겁다. 두 바퀴로 균형을 잡다 보면 신체 리듬이 깨어나며, 뇌파와 창의력도 활성화된다. 아인슈타인이 자전거를 타면서 상대성 이론을 생각해 냈다고 말한 것을 보면, 자전거는 우주의 법칙을 이해하는 데 도움이 되는지도 모른다. 자전거에 관한 에세이 모음이 상대성 이론만큼 세상에 큰 영향을 미치지는 못할 것이다. 하지만 자전거를 타는 사람이라면 초보자는 물론이고 전문가들도 이 책에서 영감을 얻을 수 있을 것으로 생각한다.

40대, 다시 한 번 공부에 미쳐라

김병완 지음 | 284쪽 | 값 14,000원

이룰 수 있는 목표가 남아있는 젊은 나이 40대, 진짜 공부를 시작하자!

삼성전자에서 10년 이상 연구원으로 직장생활을 해온 저자 김병완이 자신의 경험을 바탕으로, 꿈을 포기래야 하는 가로 고민하는 40대들을 위해 세상의 빠른 변화와 흐름을 따라잡는 방법으로 '참된 공부'를 키워드로 제시하였다. 저자는 40대야말로 공부하는 사람이 갖추어야 할 조건을 제대로 갖춘 시기라고 말하며, 진짜 인생을 살기 위해 진짜 공부를 시작하라고 조언한다. 공부로 인생을 역전시킨 인물들의 이야기와 다양한 사례를 통해 공부로 인생의 참된 주인이 되는 법을 알려주고, 공부함으로써 인생에 끼치는 다양한 효과들을 소개한다.

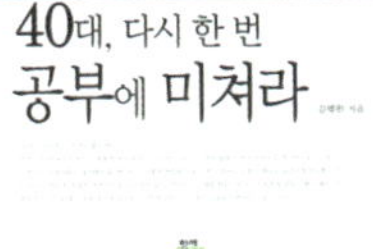

그저 그런 20대를 보낸 사람이 30대에 변화하기 위해 알아야 할

좋은 습관 리스트 100

센다 타쿠야 지음 | 박은희 옮김 | 양장 | 236쪽 | 값 13,000원

당신의 인상을 업그레이드 해줄 좋은 습관을 기르자!

뇌는 어떤 자극도 주지 않고 가만히 내버려두면 일상적으로 반복되는 거의 모든 일을 무차별적으로 습관화시킨다. 이 무차별적으로 행동을 습관화하기 때문에 이른바 나쁜 버릇이 생긴다. 습관을 근절할 수는 없지만, 습관을 바꿀 수는 있다. 나쁜 습관을 좋은 습관으로 바꾸는 노력이 필요하다. 열망은 습관을 만드는 원동력이다. 열망을 자극하면 새로운 습관을 더 쉽게 형성할 수 있다. 하루아침에 습관을 바꾸고 또 새로운 습관을 쌓는 것은 절대 쉬운 일이 아니다. 원하던 계획대로 되지 않아 실패하더라도 실패해서 포기하지 않는다면 자신이 원하는 좋은 습관을 쌓을 수 있다.

성공하는 30대가 되기 위해 절대로 물들지 말아야 할 70가지 습관

센다 타쿠야 지음 | 유가영 옮김 | 양장 | 172쪽 | 값 12,000원

회사에서는 가르쳐주지 않는 사회인의 마음가짐!

회사에서는 잘 가르쳐 주지 않는, 하지만 모르고 있으면 손해인 사회인의 마음가짐에 대해 얘기하고 있다. 회사에서 성장하는 사람과 그렇지 못한 사람의 차이는 지능지수도 운도 아니다. 그렇다고 열심히 노력만 한다고 해서 누구나 성공하는 것도 아니다. 바로 24시간, 365일 두심코 하고 있는 사소한 습관이 결정타가 되는 것이다. 사회인으로서의 습관은 처음 사회인이 되었을 때부터 어엿한 한 사람 몫을 하기 시작하는 입사 5년차 대까지 형성된다. 이 책은 70가지 악습을 구체적으로 소개하며, 이러한 습관에 물들지 말고 책임감을 갖고 꿋꿋이, 주어진 일에 최선을 다해야 함을 강조하고 있다.

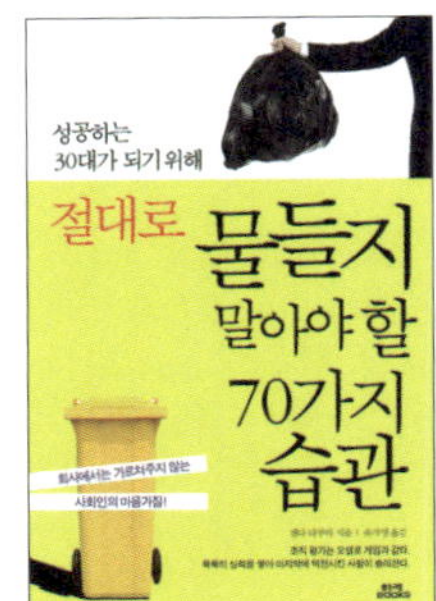